RANÇON
DU ROI JEAN

8° 2.

Ce Jean

(494

Tiré à 40 exemplaires.

Extrait des Mélanges de la Société des Bibliophiles françois. — Année 1850.

RANÇON
DU ROI JEAN

COMPTE DE L'AIDE

IMPOSÉE POUR LA DÉLIVRANCE DE CE PRINCE
LEVÉE SUR LES PRÉVÔTÉ, VICOMTÉ ET DIOCÈSE DE PARIS
PAR LES MAINS DE JEAN LE MIRE
PENDANT UNE ANNÉE, COMMENÇANT LE 17 AOUT 1369
ET FINISSANT LE MÊME JOUR 1370

PUBLIÉE POUR LA PREMIÈRE FOIS

SUR LE REGISTRE ORIGINAL CONSERVÉ AUX ARCHIVES NATIONALES

PAR

M. L. DESSALLES

EMPLOYÉ A LA SECTION HISTORIQUE DES ARCHIVES NATIONALES
MEMBRE DE LA SOCIÉTÉ DES ANTIQUAIRES DE FRANCE

PARIS
DE L'IMPRIMERIE DE CRAPELET
RUE DE VAUGIRARD, 9

1850

RANÇON

DU ROI JEAN.

INTRODUCTION.

Le xive siècle fut un bien rude siècle pour la France. Depuis Philippe le Bel jusqu'à Charles VI, que de troubles, que de revers, que de désastres incessans ! Mais de toutes les épreuves qu'elle eut à subir, la bataille de Poitiers et ses suites, le traité de Bretigny et ses conséquences furent, pour sa gloire et sa prospérité, le coup le plus funeste à la fois et le plus humiliant. Sans doute la démence de Charles VI et les soixante années d'agitations et de guerres qui la suivirent, peuvent être considérées, à bon droit, comme ayant été profondément calamiteuses pour ce beau royaume; toutefois il est bien difficile d'admettre qu'elles aient eu des effets aussi terribles, qu'elles aient causé un mal aussi réel et aussi vif que la catastrophe du 19 septembre 1356, les émeutes de

1

1357 [1], la Jacquerie [2], les conditions de la délivrance
du roi Jean, les privations imposées au peuple pour
cette délivrance, et plus de douze années de pillage et
de dévastations par des bandes indisciplinées, dont
rien ne pouvoit plus maîtriser les caprices ni sus-
pendre les courses vagabondes, à travers les provinces; sans compter qu'au moment de la prise de
Jean par le prince de Galles, il y avoit déjà six ans
que le pays s'épuisoit en efforts de toutes sortes pour
faire face aux excessives dépenses dans lesquelles ce
roi s'étoit engagé, sinon trop imprudemment, du
moins avec beaucoup de légèreté.

Quelque cruelle atteinte que la bataille de Crécy
eût portée à la fortune nationale, Philippe de Valois
ni ses sujets ne s'étoient point laissés abattre par
l'adversité, et l'attitude ferme de ce roi en face des
Anglois avoit trouvé une telle sympathie parmi les
populations que les subsides octroyés [3] joints aux ressources obtenues en pressurant les Lombards [4], lui
permirent, non-seulement de continuer la guerre,
mais encore de reprendre l'offensive, en 1347, et
d'aller conclure une trêve devant Calais. En 1348,
la *peste noire* et la misère publique firent renouveler

---

[1] Les émeutes survenues à Paris en 1357, sont les premières oscillations
de ces mouvemens tumultueux que les passions révolutionnaires ont agités
de proche en proche et ont rendus si terribles dans ces derniers temps, au
profit des plus étranges utopies.

[2] Il est juste de faire remarquer ici que la Jacquerie fut moins le fait des
mauvaises passions des paysans, que la conséquence des maux qu'ils avoient
à endurer. Voyez le *Rég. du Tr. des Ch.*, coté 86, passim, et le troisième con-
inuateur de Guillaume de Nangis.

[3] C'est ce qui résulte des pièces conservées aux Arch. nationales, K 44,
n°s 12, 12 *bis*, 12 *ter* et 12 *quater*.

[4] *Chron. de Saint-Denis*, t. V, p. 466. (Éd. de P. Paris.)

les trêves qui ne furent point interrompues en 1349, sous le prétexte d'une paix prochaine, non encore conclue en 1350, quand la mort vint frapper le monarque françois.

En montant sur le trône, Jean continua les erremens suivis, depuis quatre ans, par son père, sans traiter définitivement avec son adversaire, et, pendant plusieurs années, les choses restèrent dans le même état[1]. Il est vrai que les trêves étoient toujours mal observées, que les expéditions et les surprises exécutées de part et d'autre n'en entraînoient pas moins de grandes dépenses, que le couronnement du roi, la création de l'ordre de l'Étoile et la pensée de venger l'affront de Crécy, toujours dominante dans l'esprit du successeur de Philippe, contribuoient beaucoup à aggraver les charges du peuple ; aussi, depuis 1350 jusqu'en 1355, il ne se passa pas d'année sans que les états généraux et provinciaux fussent appelés à voter de nombreux subsides[2].

Divers événemens survenus dans le cours de l'été de 1355 et notamment la rupture des négociations entamées, à Avignon, l'année précédente, les préparatifs des Anglois et l'expédition du prince de Galles dans les provinces de la France méridionale, sans qu'il rencontrât pour ainsi dire de résistance, obligèrent Jean à convoquer les états généraux de la *Langue d'oil*, tandis que ceux de la *Langue d'oc* lui

---

[1] En 1354, le pape voulut tenter de nouveau de conclure la paix entre les deux couronnes, comme il l'avoit fait de 1349 à 1350 ; mais ce fut sans plus de succès.

[2] *Rec. des ord. des R. de Fr.*, t. III, préface. Partie relative aux états généraux et provinciaux, durant le règne du roi Jean.

accordoient de nouveaux subsides sur la demande du
comte d'Armagnac, son lieutenant. Ces états, réunis
à Paris, dans la chambre du parlement, le mercredi
après la saint André (2 décembre), lui octroyèrent
d'un commun consentement, cinq millions de livres[1],
pour l'entretien, pendant un an, de trente mille
hommes, se réservant de s'assembler de nouveau au
1er mars suivant, afin d'examiner les comptes de ce
qui auroit été perçu et dépensé, s'assurer de la valeur réelle de l'impôt (la gabelle et huit deniers sur
les ventes) et augmenter la gabelle, si le subside ac-
cordé ne suffisoit pas[2]. Ils se rassemblèrent en effet
au 1er mars 1356, reconnurent l'insuffisance du subside, constatèrent qu'il étoit antipathique aux populations et le modifièrent complétement, ou, pour
mieux dire, lui en substituèrent un autre tout diffé-
rent[3]. Toutefois on ne renonça pas à ce qui restoit à
percevoir sur la gabelle et les huit deniers[4], circonstance qui autorise à croire que le nouvel impôt ne
paroissoit pas encore pouvoir, à lui seul, couvrir
toutes les dépenses.

[1] Cinquante cent mil livres, Secousse (*Rec. des ord. des R. de Fr.*, t. III,
préface, p. xlii), a fait une note pour justifier ce chiffre, qui représente
juste les 5000000. Aujourd'hui, il ne peut plus y avoir de doute à cet égard
avec le texte de la Chronique de Saint-Denis, t. VI, p. 21 (éd. de P. Paris).
Voir le *Rec. des ord. des R. de Fr.*, t. III, p. 19 et suivantes, pour la manière
dont devoit être levé le subside.

[2] *Ibid., ibid.* La Chronique de Saint-Denis et Froissart feroient croire qu'il
s'agissoit des états de tout le royaume. Mais l'ord. du 28 décembre 1355, dit
positivement que l'assemblée ne se composoit que des *états du pays de la
Langue d'oil.*

[3] *Ibid*, t. IV, p. 172. Voir aussi le t. III, p. 24, note e, pour les instruc-
tions sur la levée de ce nouveau subside.

[4] *Ibid.*, t. III, p. 53. Il faut comparer les divers documens signalés dans
les notes qui précèdent, pour bien se rendre compte de ce qui se fit dans
ces états.

On sait ce qu'il advint de cette grande et dispendieuse armée, comment, par l'aveugle opiniâtreté de Jean, elle fut pour ainsi dire anéantie en un seul jour [1], et Jean lui-même fait prisonnier ; mais ce qui est moins connu, ou du moins ce qui l'est très-imparfaitement, ce sont les ennuis, les outrages, les tribulations et les souffrances de toutes sortes qu'eut à supporter la nation tout entière, non pas pour acquitter la rançon de son roi prisonnier, puisqu'elle ne fut jamais payée intégralement ; mais afin de prouver son ardent désir, sa ferme volonté de faire honneur aux engagemens contractés dans une aussi douloureuse circonstance [2], en même temps qu'elle faisoit des efforts inouïs pour se préparer à une lutte désespérée que le désordre répandu partout, et l'invasion toujours imminente, rendoit à chaque instant plus probable.

Ce fut avec une douleur profonde que les populations apprirent le fatal événement qui avoit fait tomber leur roi entre les mains des Anglois [3]. Au milieu de l'inquiétude générale, ce qui préoccupoit les esprits par-dessus tout, c'étoit la pensée de le délivrer et de sauver le pays [4]. Le dauphin, depuis Charles V, qui n'avoit alors que dix-neuf ans, prit les rênes du gou-

---

[1] Cette armée devoit s'élever à beaucoup plus de 30000 hommes, si, comme il est probable, il y avoit en outre, à peu près, tous les seigneurs soumis au service militaire.

[2] Il n'est pas ici question de ce qui se fit dans la Langue d'oc. Il suffit de rappeler que les états de cette partie du royaume votèrent sur-le-champ d'importans subsides qui concoururent puissamment au maintien de l'ordre dans le midi.

[3] Troisième continuateur de Guillaume de Nangis, t. II, p. 242 (éd. de Géraud). Voir aussi l'*Hist. de Languedoc*, t. IV, p. 288 et suivantes.

[4] *Chron. de Saint-Denis*, t. VI, p. 34 (éd. de P. Paris.)

vernement, en qualité de *lieutenant du roi de France*[1], et convoqua les états de la Langue d'oil pour le 15 octobre. La réunion eut lieu le jour indiqué ; mais , durant l'intervalle, les passions s'étoient agitées et les états ne se trouvèrent plus en position de leur résister ; aussi arriva-t-il qu'au lieu de s'occuper de la délivrance de Jean et de la défense du royaume , ils récriminèrent, soulevèrent le flot populaire, subirent les mauvaises influences du roi de Navarre , en un mot , procédèrent de telle façon que loin de prêter leur concours au prince et de seconder franchement le zèle ardent que lui suscitoit sa précoce intelligence, ils furent pour lui un embarras réel , un obstacle de plus à surmonter, si bien que , jusqu'en 1360 , il ne put avoir les subsides de première nécessité , qu'en ayant recours aux états provinciaux [2]. A cette époque, le traité de Bretigny ayant été conclu et la rançon de Jean se trouvant fixée à trois millions d'écus d'or [3], payables, six cent mille, dans les quatre mois , à partir du moment où ce roi auroit été conduit à Calais [4], et le reste par annuités de quatre cent mille chacune , jusqu'à final payement, on ne parut plus s'occuper que d'une seule pensée, celle d'exécuter ce traité et de payer cette rançon.

Comme on vient de le voir, il n'est pas douteux que la nation ne fût animée des meilleurs sentimens

---

[1] Ce ne fut que plus tard qu'il prit le titre de régent (14 mars 1357, 1358, N. S.)

[2] *Rec. des ord. des R. de Fr.*, 1, 111, préface, p. LVI ; *Chron. de Saint-Denis*, t. VI, p. 106.

[3] L'écu valoit à peu près la livre tournois, tantôt plus, tantôt moins.

[4] Par le traité, il étoit dit que le roi de France seroit conduit à Calais trois semaines après la Nativité de saint Jean-Baptiste.

à l'égard de son souverain ; mais le temps fuyoit vite
et le pays étoit trop pauvre pour qu'on pût facilement
improviser des ressources. Or le trésor étoit vide et
les subsides à peu près nuls pour le moment. Une
circonstance déplorablement heureuse permit au roi
Jean de montrer sa bonne volonté pour l'acquittement des six cent mille écus.

Dès le mois de juillet, c'est-à-dire au temps même
où il fut conduit à Calais, Mathieu Galeas Visconti,
deuxième du nom, seigneur de Milan, dont le faste
extravagant fit plus tard un despote exécré, poussé
par un désir ardent de former de hautes alliances à
tout prix, s'étoit avisé de faire des ouvertures à ce
monarque, afin d'en obtenir, pour son fils, Jean
Galeas, la main d'Isabelle de France, alors dans sa
douzième année. Le dessein étoit hardi ; mais les
circonstances s'y prêtoient parfaitement. Il falloit de
l'argent au roi, et Galeas pouvoit lui en donner. Sans
tergiverser, ce seigneur lui offrit six cent mille florins [1], en échange de son consentement. Une propo-
sition aussi tentante et le pressant besoin où se trouvoit le monarque étoient de trop puissans auxiliaires
pour que Galeas ne réussît pas. Jean succomba donc
à la tentation et, comme dit un historien contempo-

---

[1] Les florins, les écus et les francs d'or, au XIVe siècle, avoient, à peu de
chose près, la même valeur. Il existe même aux Archives nationales (K 48,
nos 8 et 16), deux documens, l'un, du 28 août, l'autre, du 28 octobre 1361,
dans lesquels on lit que les *florins* étoient nommés *francs d'or*, ce qui prouve
leur identité comme signes monétaires. Quant au prix approximatif, il varia
de 16 à 30 s. t. On trouve cependant que les florins descendirent jusqu'à
10 s. t.; mais il est vrai qu'il s'agit du florin de Florence. Je dois faire observer ici qu'il existe aux Archives nationales (J. 638), des détails précieux
sur les frais énormes que coûtoient l'échange et la refonte des monnoies
exigés pour l'exactitude des payemens.

rain, il consentit à vendre *sa propre chair* [1], pour
commencer à se libérer envers le roi d'Angleterre.
Cependant telle étoit sa pénurie qu'au lieu d'acquitter
immédiatement les six cent mille écus, il n'en donna
que quatre cent mille, le reste lui étant sans doute
indispensable pour satisfaire à d'autres exigences. Il
faut dire pourtant que les deux cent mille restants,
pour lesquels il avoit obtenu des délais, furent exactement comptés aux termes échus.

Cette première difficulté vaincue n'en laissoit pas
moins subsister l'obligation embarrassante de payer
quatre cent mille écus par an; mais elle donnoit le
temps de se retourner. Néanmoins, malgré toute la
bonne volonté de la nation [2] et le désir incontestable
du roi de se libérer, dans l'espace de trois ans et
quelques mois qu'il vécut encore [3], ce monarque ne
put pas payer plus de deux cent mille écus [4]; et il est
à croire que, s'il prit le parti de retourner en Angleterre, pour y mourir peu de temps après, le dé-
plaisir qu'il éprouvoit de ne pouvoir tenir les engagemens qu'il avoit contractés, fut le principal sinon
l'unique motif qui le décida [5].

---

[1] Quasi com'all' incanto sa propria carne vendesse. MATHEO VILLANI,
Hist., lib. 9, chap. 103. (Muratori : *Rerum italicarum scriptores*, t. XIV,
col. 617.)

[2] Les documens du temps ne permettent pas de mettre en doute cette
bonne volonté. On va voir même plus bas, que les villes s'endettoient pour
vider plus efficacement.

[3] Il mourut à Londres le 8 avril 1364.

[4] Je me suis abstenu d'entrer dans des détails de citations à l'occasion des
divers payemens faits, parce que toutes les pièces relatives à ces payemens
se trouvent au *Tr. des Ch.* (Archives nationales, J 638), et que Du Tillet en
a donné l'analyse dans son *Recueil des Traités d'entre les rois de France et
d'Angleterre*. Il faut rapprocher tous ces actes des réponses de Charles V
aux envoyés du roi d'Angleterre, réponses qu'on va lire tout à l'heure.

[5] On a prétendu qu'il étoit retourné en Angleterre pour traiter de la

De 1364 à la fin de 1368, Charles V ne put pas faire même aussi bien que son père; cependant, dans cet intervalle de temps, il paya les deux cent mille écus manquant pour compléter le premier million de la rançon et quatre cent mille sur le deuxième. C'étoit beaucoup sans doute au milieu des circonstances difficiles qu'il avoit eu à traverser; mais c'étoit beaucoup trop peu pour le roi d'Angleterre, fort pressé d'en finir. La France elle-même qui ne pouvoit pas toujours bien payer, mais qui s'aquittoit de son mieux, sans se plaindre[1], avoit aussi le plus grand intérêt à sortir de la situation pénible que la nécessité lui avoit faite. En 1369, de nouvelles difficultés vinrent compliquer cette situation[2]. Ces difficultés même parurent si graves, de prime abord, aux états convoqués à Paris, qu'ils n'hésitèrent pas, comme on va le voir, à approuver, en tout, la conduite que le roi avoit tenue jusque alors, et qu'ils votèrent, avec empressement, de nouveaux subsides pour la guerre, devenue à peu près inévitable, et que toutes les humiliations, supportées pendant plus de vingt années, avoient rendue populaire.

Cependant le roi d'Angleterre, dont les inquiétudes

rançon de son frère Philippe, de son fils Jean, depuis duc de Berry, qui s'étoit sauvé, et de divers autres otages; on a avancé aussi, qu'ayant accepté d'être chef d'une croisade, il se rendit auprès d'Édouard pour le décider à en faire partie; enfin, on a été jusqu'à dire qu'il avoit repassé le détroit par amour pour une femme. J'aime mieux la manière de s'exprimer des auteurs de l'histoire de Languedoc. Selon eux, il repassa en Angleterre *pour terminer avec le roi Édouard les difficultés qui retardoient l'entière exécution du traité de Bretigny.*

[1] On exerçoit souvent des poursuites contre des personnes qui ne payoient pas; mais on ne trouve nulle part que ce défaut de payement fût le résultat de la mauvaise volonté.

[2] L'appel des seigneurs de Guienne dont il va être question.

augmentoient à mesure que le besoin de la vengeance
gagnoit les populations françoises, ne voyoit pas sans
humeur les payemens des annuités de plus en plus
retardés. Ces délais sans cesse renouvelés l'indispo-
soient même d'autant plus qu'il étoit loin de vouloir
reconnoître que, si Charles ne s'étoit pas acquitté
avec plus d'exactitude, c'étoit moins mauvaise volonté de son côté que parce que le traité de Bretigny
n'avoit jamais bien été exécuté de la part des Anglois, et qu'il comprenoit d'ailleurs parfaitement que
cet argent qui, dans ses mains, ne pouvoit manquer
de concourir puissamment à augmenter encore l'hu-
miliation de la France, devenoit une ressource importante contre lui, en restant dans celles de son
adversaire. Ce fut surtout quand la Guyenne mécon-
tente commença à se remuer et que le comte d'Armagnac, avec ses adhérens, eut fait appel, qu'il ne
chercha plus à se contenir. L'époque précise où il fit
éclater son mécontentement ne sauroit être exactement déterminée; mais il paroît certain que ses
plaintes ne remontent pas à une date antérieure à
l'appel des seigneurs de Guyenne, du moins en tant
qu'il ne s'agissoit plus d'une simple réclamation d'argent. La manière précise dont il les formula n'est pas
mieux connue; mais les réponses de Charles, qui subsistent encore, permettent d'en apprécier toute la
portée. Ce n'est pas ici le lieu de reproduire tout
au long ces réponses, qui précédèrent celles qu'on
lit dans les chroniques de Saint-Denis [1]; mais il
est important de mettre sous les yeux du lecteur

---

[1] T. VI, p. 275 et suivantes (éd. de P. Paris).

la partie qui a trait à la rançon. La voici textuelle-
ment :

CE SONT LES RESPONSES QUE LES MESSAGES ENVOYEZ PAR
LE ROY DE FRANCE FONT AUS REQUESTES OU DEMANDES
AUTRESFOIS FAICTES PAR LES GENS DU ROY D'ANGLE-
TERRE ; ET PREMIÈREMENT, A LA DEMANDE FAICTE DU
PAIEMENT OU ARGENT DEU AUDIT ROY D'ANGLETERRE
PAR LEDIT ROY DE FRANCE, RESPONDENT ET DIENT
LESDICTES GENS OU MESSAGES DU ROY DE FRANCE CE
QUI S'ENSUIT [1] :

« 1° Premièrement que quand ledit roy de France
vint au gouvernement de son royaume et par avant,
vivant le roi Jehan, dont Diex ait l'âme, le roy de
Navarre faisoit guerre ouvertement ou royaume de
France, et menoit la guerre, pour ledit roy de Navarre, le captal de Buch, messire Jehan Jouel, plusieurs Anglois et autres nez et attraiz des terres et
seigneuries dudit roy d'Angleterre et du prince, son
filz ; et, depuis la prinze dudit captal, faicte à Coche-
rel, continua ycelle guerre messire Loys de Navarre,
avec lui messire Hitasse d'Abisecourt [2] et plusieurs
autres des terres et seigneuries dessusdiz ; pour laquelle guerre, le royaume de France fu et a esté
grandement dommagé, et les aides ordonnées oudit
royaume, pour paier ledit roy d'Angleterre, moult
empeschées, et ce qui péut estre levé, fu despendu,
et plus encore, en ladicte guerre ; et toutesfois les

[1] Arch. nationales, J 654, nos 3 et 3 bis.
[2] On l'appelle tantôt Eustache d'Aubertincourt, tantôt Eustache d'Aubre-
cicourt.

subgez des seigneuries et terres du roy d'Angleterre
ne du prince ne povoient ne devoient faire guerre
ou royaume de France à gaiges d'autrui ou autrement, si comme, par le traictié et alliances, faiz
entre les deux roys, peut apparoir.

« 2° Item et ledit roy Jehan, dont Diex ait l'âme,
darrenièrement, quant il fu en Angleterre, où il
mourut, despendi moult, et y fist grant despense, et
ne laissa point d'argent au roy qui est à présent, et
toutes fois a il convenu faire grant mise et despense,
tant pour amener le corps en France, du roy Jehan
honorablement et à telle sollempnité, comme il appartenoit à un tel seigneur, et aussi pour faire l'enterrement et les obseques sollempnelles qui bien appartenoient de faire en tel cas, et, avec ce, pour paier
et accomplir le testament ou darrenière volonté dudit roy Jehan.

« 3° Item, avec ce a convenu faire grande despense
pour le sacre dudit roy de France, si comme acoustumé est à faire un tel cas bien et sollempnelment,
et c'est bien raison.

« 4° Item, et lui a convenu faire plusieurs paiemens et mises, pour cause de certains deniers deuz,
dès le temps dudit roy Jehan à plusieurs de dehors
le royaume qui gastoient et pilloient ledit royaume
par deffaut de paiement et en plusieurs autres nécessitez ou choses nécessaires qui seroient longues à réciter.

« 5° Item avec les choses dessusdictes les compaignes tant d'Anglois, Gascoings comme d'autres des
terres et seigneuries dessusdictes ont tousjours esté
aussi comme continuelment ou au moins pour la plus

grant partie du temps et encore sont au royaume de
France et ont gasté, pillié et chevauchié par plusieurs parties dudit royaume, pris prisonniers et
forteresses et gasté le pays, par quoy lesdictes aides
ordonnées pour ledit paiement et autres ont esté et
encore sont ainsi comme de nulle valeur, et tout ce
qui en a peu estre levé et plus encore, a convenu estre
despendu contre lesdictes compaignes, et, qui plus
est, ont, lesdictes compaignes pillié, raençonné et
robé aucuns des receveurs desdictes aides et leur ont
osté l'argent levé et ordenné pour faire le paiement
deu audit roy d'Angleterre pour les quiex empeschemens, lesquiex sont tous notoires, lesdictes aides
sont et ont esté ainsi comme de nulle valeur, et, se
ne fussent lesdiz empeschemens, lesdiz paiemens
fussent avanciez plus assez qui ne sont.

« 6° Item et pour cause desdictes compaignes et
autres empeschemens dessusdiz, le demaine propre
du royaume de France a esté de petite valeur, et le
prouffit des monnoyes et autres choses dont le roy
se pouist aidier cesserent du tout par l'octroy que le
peuple fist au roy desdictes aides, et ainsi le requist le
peuple, et le roy leur accorda, ne oncques puis ne
fu fait au contraire.

« 7° Item et avec les empeschemens dessusdiz a
eu tres grant mortalité en plusieurs parties du
royaume de France et tant que plusieurs villes sont
demourées aussi que inhabitables et les autres moult
appeticiées, pour lesquelles choses a convenu que le
roy ait perdu plusieurs de ses demaines et aussi aides
ordennées pour les causes dessusdictes, et aussi a fallu
faire plusieurs rémissions et donner plusieurs dila-

tions, qui a esté grant empeschement pour le païement
que demandent les gens du roy d'Angleterre.

« 8° Item et que non obstant les choses dessusdictes et empeschemens dessus esclarciz et plusieurs
autres, qui seroient longs à esclarcir, avec la grant
mise qu'il a convenu de nécessité faire, pour la deffense du royaume de France, a le roy, payé, de son
temps, vi[c] mil frans, et si avoit ordené à paier ii[c] mil
frans, et estoient près pour les termes de Pasques et
de Saint-Michiel darrenièrement passés ; mès il les a
convenu despendre, et de l'autre encore assez, contre
lesdictes compaignes, et seroit chose impossible,
lesdictes compaignes estans ou royaume de France,
faire aucun païement audit roy d'Angleterre ; et ainsi
a il esté dit, par plusieurs fois, ou conseil du roy
d'Angleterre, et pour ce a esté requis que ledit roy
d'Angleterre féist vuider lesdictes compaignes, ainsi
comme tenu y estoit par le traictié de la paix et par
les alliances, et que autrement le roy de France ne
le pourroit paier, ne raison pourroit souffrir que le
roy laissast la deffense de son royaume pour faire
lesdiz païemens, car à la deffense de son royaume
est le roy tenu avant toutes choses.

« 9° Item que, par les causes et moiens dessusdiz,
appert assez la cause et l'empeschement pourquoy le
roy n'a peu faire les païemens ainsi comme il eust
bien voulu, et peut clèrement apparoir à chascun de
la diligence que le roy en a faicte, et que l'empeschement qu'il a eu a esté sans sa coulpe et par le
fait desdictes compaignes et autres empeschemens
dessusdiz, et que, en ce, il n'a rien fait contre ses
promesses ou convenances.

« 10° Item que se lesdictes compaignes estoient hors du royaume, le roy, nostre seigneur, feroit au roy d'Angleterre et continueroit ses païemens, selonc sa possibilité et tellement qu'il devroit souffire audit roy d'Angleterre. »

Ces paroles simples, nettes, précises, sans aigreur, respirent la bonne foi et la franchise. Elles ont surtout cela de précieux, comme il a été dit plus haut, qu'elles sont d'une date plus ancienne que le passage des chroniques de Saint-Denis [1], et que par conséquent elles permettent de mieux suivre la progression de cette grande affaire de la rupture du traité de Bretigny, et de constater, avec plus de certitude encore, que les torts ne furent pas du côté de Charles V, que surtout il ne provoqua pas la querelle; mais qu'une fois engagé sur le terrain brûlant des récriminations, sans cesser d'être calme et digne, il marcha résolûment au but. D'ailleurs en les examinant avec attention et en les comparant aux données historiques consignées dans tous les monumens de l'époque, il n'est pas possible de mettre en doute les assertions qu'elles contiennent.

La guerre soulevée par le roi de Navarre, l'alliance de ce prince avec les Anglois, insulaires ou du continent, les dépenses occasionnées par cette guerre, l'obligation de ne pas prendre ou laisser prendre les armes par leurs sujets contre la France, imposée par les traités au roi d'Angleterre et au prince de Galles,

---

[1] Il faut croire que ces réponses sont celles dont ces mêmes chroniques parlent (*ibidem*, p. 273), et qui furent portées en Angleterre par le comte de Tancarville et de Sarebruch, Guillaume de Dormans et le doyen de Paris.

tout cela étoit positif et se trouve confirmé par tous
les documens authentiques.

Les larges manières de Jean, sa généreuse osten-
tation sont connues de tout le monde. On sait également avec quel éclat obligé se faisoient les funérailles
royales et les sacres. On ne sauroit donc s'étonner
que, dans les deuxième et troisième paragraphes,
on porte en ligne de compte les dépenses occasionnées par la mort de Jean et le couronnement de
Charles V.

Deux faits suffiront pour constater l'exactitude du
quatrième; voici le premier : Dans le compte qui
nous occupe [1], il est question d'un voyage auprès de
Brocard de Fénestranges, seigneur lorrain qui joua
un très-grand rôle à cette époque [2]. Les raisons qui
avoient nécessité ce voyage sont celles-ci :

Indépendamment des arrangemens que le régent
avoit faits avec Brocard de Fénestranges, pendant la
captivité de son père, Jean, au sortir de sa prison, lui
avoit assigné dix mille francs d'or, comme dédomma-
gement de la remise par lui consentie de diverses
forteresses situées sur la Somme [3]. Ces dix mille francs
n'étoient pas encore achevés de payer en 1369. Le
second est relatif au fameux Arnaud de Cervoles,
seigneur de Château-Vilain, plus connu sous le nom
de *l'Archiprêtre*, et l'un des plus rudes chefs de

---

[1] Dépense, ch. iii.

[2] On peut voir dans Mézeray (règne de Jean), et dans Moreri (au mot
Fénestranges), quel étoit ce personnage, et combien il importoit de le satisfaire.

[3] Arch. nationales. *Comptes des aides du diocèse de Langres pour la rançon
du roi Jean, pendant les années* 1361, 1362, 1363, 1366, 1367, 1369, reg.
côté 10, fol. 31 v°.

bandes de l'époque. En vertu de lettres données à Troyes, le 9 juillet 1363, trois mille sept cents francs d'or lui avoient été assignés et lui furent payés, pour qu'il fît vider, par les Bretons [1], les forteresses d'Arcy sur Cure et de Donnemarie en Puisaye (Yonne [2]).

Depuis la bataille de Poitiers jusqu'à l'expédition d'Espagne (1368), les grandes compagnies ne cessèrent de commettre les plus affreux ravages, et même, pendant l'expédition, d'assez fortes bandes, restées en France, continuèrent le pillage et la dévastation. Il n'est donc pas surprenant que le roi s'en plaigne dans les cinquième et sixième paragraphes [3].

La peste ou du moins des maladies contagieuses très-meurtrières régnèrent en France en 1362 et 1363 [4], et durent par conséquent porter atteinte aux revenus publics, comme il est dit dans le § 7.

Le huitième est justifié par les documens originaux conservés aux Archives nationales [5] et par tous les historiens du temps.

Les bonnes intentions du roi formulées dans le neuvième sont démontrées par les huit précédens.

Quant au dixième, il est la conséquence de l'état où se trouvoit la France, surtout depuis le retour d'Espagne, à la suite duquel les grandes compagnies se répandirent de nouveau dans le pays.

[1] C'est-à-dire par des compagnies qui portoient ce nom, soit parce que les Bretons y étoient en majorité, soit parce qu'elles avoient pour chefs des Bretons.

[2] Arch. nationales. Comptes des aides du diocèse de Langres, etc., fol. 82.

[3] Rec. des ord. des R. de Fr., passim. — Rimer, passim. — Voyez en outre tous les auteurs contemporains.

[4] Périgueux et les deux derniers comtes de Périgord, etc., p. 77, note.

[5] J 638 et 639, Du Tillet : Traités d'entre les rois de France et d'Angleterre, etc.

Après ces explications, destinées à constater toute l'importance du document transcrit plus haut, et servant à justifier la rigoureuse exactitude des faits qui y sont énoncés, reprenons le cours des événemens.

Les nouvelles remontrances, ou plutôt les réclamations réitérées du roi d'Angleterre, consignées dans les chroniques de Saint-Denis, nécessitèrent de la part de Charles V de nouvelles réponses qui leur font suite, dans le même ouvrage, et avant l'envoi desquelles ce monarque prit le parti de convoquer les états-généraux qui approuvèrent, en tout, sa conduite [1]. C'étoit en mai 1369.

Cependant, loin de s'arranger, les affaires s'embrouilloient de plus en plus, et, au mois de novembre, les hostilités, qui jusqu'alors n'avoient été que partielles, étoient sur le point de devenir générales. Dans cette occurrence, le roi convoqua de nouveau les états pour le 7 décembre, et, indépendamment de l'aide, pour la rançon du roi Jean, dont la levée fut maintenue, avec la faculté d'en employer une partie à son entretien, celui de la reine et celui du Dauphin et l'autre aux frais de la guerre, ils lui accordèrent d'importans subsides dont il n'y a pas à s'occuper ici [2].

Quoiqu'il commence, pour certaines parties, au 17 août précédent, le compte qui fait le sujet de ce travail, par la raison qu'il contient à peu près la première année de cette nouvelle concession, offre nécessairement un intérêt tout particulier; mais ce qui

[1] *Chron. de Saint-Denis*, t. VI, p. 278 (éd. de P. Paris).
[2] *Ibid.*, p. 321.

constitue son véritable mérite, c'est qu'il correspond exactement à l'aide perçue, dès l'origine, dans le diocèse de Paris, pour la rançon du roi Jean. Toutefois, afin de se faire une juste idée de son importance et de l'apprécier convenablement dans toutes ses parties, il est indispensable de remonter à l'époque même de la délivrance de Jean.

Comme on l'a vu plus haut, l'étrange marché fait avec Galéas avoit permis à ce monarque de compter quatre cent mille écus au roi d'Angleterre; mais il falloit trouver les autres deux cent mille et les annuités successives de quatre cent mille chacune, ou du moins tenter de le faire. Il étoit donc nécessaire avant tout de se créer des ressources positives et régulières.

On ne sauroit mettre en doute qu'antérieurement à la délivrance de son père le régent avoit fait lever, dans une partie du royaume et peut-être même dans toute la Langue-d'oil, une aide pour la rançon[1]; mais il est à peu près constant que cette aide avoit été employée et qu'à la fin de 1360 il n'en restoit plus rien. Par l'ordonnance du 5 décembre de cette année, dont il a été question plus haut, après avoir énuméré rapidement les événemens accomplis depuis la bataille de Crécy et exposé le triste état dans lequel se trouvoit le royaume, Jean déclara qu'il seroit levé, dans la Langue-d'oil[2], une aide de douze deniers pour livre, sur toutes les marchandises vendues, du cinquième sur le sel et du treizième sur le

---

[1] Au moins dès le mois de juillet 1360, et peut-être dès 1359. Arch. nationales, K 48, nos 7, 7 bis, 7 ter, 7 quater, 7 quinque, 7 sexto. Rec. des ord. des R. de Fr., t. III, préface, p. xcı.

[2] Rec. des ord. des R. de France, t. III, p. 433.

vin et autres breuvages, aide qui seroit perçue jusqu'à la *perfection et entérinement de la paix*, ce qui
vouloit dire jusqu'à l'entier acquittement de sa rançon. Cette ordonnance ne contient rien qui permette
de supposer qu'elle fût précédée d'une assemblée des
états ; aussi Secousse[1], après avoir eu soin de faire observer qu'on trouve cependant des traces d'états, pour
cette année, dans quelques ordonnances et notamment dans deux portant également la date du 5 décembre[2] s'exprime-t-il ainsi : « Il ne fut peut-être
pas nécessaire d'assembler les états pour imposer
cette ayde, parce qu'elle estoit légitime, c'est-à-dire
due par une loy et par les principes du droit féodal...
S'il ne fut pas nécessaire, comme je le crois, de
convoquer les états pour imposer une ayde pour la
rançon du roi, il faut dire que ceux qui ont esté as-
semblez au sujet de cette ayde ne l'ont esté que pour
régler la manière dont elle seroit levée et payée. »

Ces réflexions de Secousse sont parfaitement justes.
L'aide étoit légitimement due, et les états n'avoient
point à l'établir en principe ; mais il étoit très-con-
venable, utile même qu'ils fussent consultés sur la
manière de la percevoir, afin de la rendre le moins
onéreuse possible aux populations ; et il faut croire
que cela se fit ainsi puisque la réponse de Charles V
au roi d'Angleterre, rapportée plus haut, parle d'une
requête du peuple suivie d'une concession du roi[3],
requête qui ne pouvoit être faite que par l'entremise
des états. Il est à remarquer d'ailleurs que si le

[1] *Rec. des ord. des R. de France*, t. III, préface, p. XCI.
[2] *Ibid.*, p. 439 et 441.
[3] Paragraphe 6.

compte publié plus bas ne porte pas en tête ces mots : *aide octroyée*, ils se trouvent constamment répétés dans les six comptes qui existent pour le diocèse de Langres.

D'après Charles V lui-même, depuis le moment où l'aide pour la rançon fut établie, et par suite de la requête dont il vient d'être question, le roi, en dehors de ce qu'elle produisoit, n'avoit pas d'autre revenu que celui de son domaine et de diverses parties casuelles, telles que les droits d'amortissement, de francs-fiefs, de nouveaux acquets, etc. Par ces temps de trouble, le domaine devoit être d'un très-foible rapport, et il n'est pas douteux que les droits d'amortissement, etc., ne fussent très-mal payés. La grande étendue du territoire, que le traité de Brétigny avoit attribuée aux Anglois, affoiblissoit considérablement le royaume, ce qui faisoit que le produit de l'aide étoit de beaucoup restreint, sans que les charges de la couronne fussent diminuées en proportion. Les ressources dont elle pouvoit disposer n'étoient donc pas en raison de ses besoins [1].

On a vu que l'aide devoit être levée jusqu'à la perfection et entérinement de la paix. En partant de cette donnée, que les conventions contenues dans le traité de Brétigny seroient strictement exécutées, cela signifioit qu'elle seroit perçue au moins pendant six ans. Mais comme il n'y avoit rien de spécifié, quant à la durée de fait, rigoureusement parlant, elle ne pouvoit cesser de subsister tant que la rançon ne seroit pas achevée de payer, ou qu'on n'auroit pas pris

---

[1] Voir l'ordonnance du 5 décembre 1360, citée plus haut.

le parti d'en cesser le payement. Il n'est donc pas surprenant de la trouver en vigueur en 1369, et de voir
les états, réunis à Paris le 7 décembre de cette année, en sus des nouveaux impôts établis, par eux, afin
de subvenir aux frais de la guerre contre les Anglois,
la maintenir, dans son entier, avec la même destina-
tion, pour une partie, et l'application de l'autre à
l'entretien de la famille royale.

Par malheur, nous n'avons pas les recettes et les
dépenses des années antérieures, 1360-1370 ; néanmoins comme, par le rapprochement des produits obte-
nus dans le diocèse de Langres pendant les six années [1]
dont il a été déjà parlé, de ceux du diocèse de Bayeux [2]
pour une période de cinq années postérieures il est
vrai (1370-1375), mais qui ne permettent pas moins
d'en tirer un éclaircissement utile, on voit que la
somme totale des recettes annuelles ne varioit pas beaucoup, il est permis de croire que le compte que nous
publions reproduit, à peu de chose près, celles du
diocèse de Paris, pour les années précédentes. En
comparant ce que nous apprennent les trois registres
dont il vient d'être question, et ce qu'on pourroit
raisonnablement présumer pour les autres parties de
la Langue-d'oïl, dont les comptes ne sont pas venus
jusqu'à nous, tout en ayant bien soin pourtant de
faire la part des désordres qui régnoient alors partout,

[1] Dont quelques-uns des comptes sont malheureusement incomplets.
[2] Les Archives nationales possèdent trois registres de comptes concernant
la rançon de Jean, celui qui est relatif au diocèse de Langres, celui que nous
publions ici, et celui qui contient les recettes et dépenses du diocèse de
Bayeux, pour les années 1370-1375, qui est côté 12 *bis*. Ce dernier registre,
fort curieux, a cela d'important, qu'il constate que l'aide, pour la rançon,
fut perçue au moins jusqu'en 1375.

on pourroit peut-être acquérir une idée approxima-
tive du produit total de l'aide, dans cette partie du
royaume, telle que l'avoit réduite le traité de Brétigny ; toutefois, ce ne seroit jamais qu'un aperçu
très-vague, et qui ne permettroit que des supposi-
tions peu satisfaisantes. Aussi, sans chercher à nous
aventurer sur le terrain des conjectures, nous nous
en tiendrons à l'étude du registre qui fait l'objet de
cette publication.

En tête de ce compte sont placées trois lettres ; l'une
du roi Charles V, du 15 mai 1370, par laquelle il
nomme Jean le Mire[1], receveur des aides pour la
délivrance du roi Jean, en remplacement de Jean
Gencian, nommé général-maître des monnoies; l'autre, du même roi, du 14 juillet 1365, vidimée par
le prévôt de Paris, le 7 octobre 1370, portant fixa-
tion des gages de Jean Gencian ; la troisième du prévôt
des marchands, du 20 mai 1370, portant taxation
des gages de Jean le Mire, comme receveur du tiers
des aides alloué à la ville de Paris.

Ainsi qu'il a été dit plus haut, le compte de l'aide,
dans le diocèse de Paris, commence le 17 août 1369,
et finit le même jour 1370[2]. Comme tous les comptes,
il se divise en recettes et en dépenses qui forment
elles-mêmes des subdivisions de plusieurs sortes. Pour
rendre les recherches et les vérifications plus com-
modes et plus rapides, nous avons fait, de ces divi-

___

[1] Voyez à la fin de ce travail les détails recueillis sur ce comptable.
[2] Toutes les recettes ne commencent pas le même jour. Il y en a qui
commencent le 18 août, d'autres en septembre, d'autres en octobre, et
d'autres, enfin, en février 1370. Ces différences de dates sont exactement
mentionnées au compte.

sions et ces subdivisions, des chapitres et des paragraphes, avec des numéros d'ordre à chacun des
articles qui composent chaque paragraphe, sans,
du reste, rien changer à la disposition primitive du
compte

RECETTES.

La taxe de douze deniers pour livre sur toutes les
ventes faites par les *métiers et marchandises* de Paris
constitue le premier chapitre des recettes formant un
paragraphe unique, composé de cinquante-quatre
articles, plus la mention du produit de l'impôt sur le
vin, montant à trente-quatre mille livres parisis, dont
dix-sept mille avoient déjà été payées, et les autres
dix-sept mille devoient l'être au receveur des aides
pour la guerre, par suite de quoi il n'en étoit question là que pour mémoire; plus une folle enchère [1].

Il est évident que ces cinquante-quatre articles ne
représentent pas à beaucoup près tout le commerce et
toute l'industrie de Paris, puisqu'un grand nombre
des métiers, dont il est parlé dans le livre d'Étienne
Boileau, n'y figure pas [2]; mais, tel qu'il est, ce chapitre ne laisse pas que d'avoir de l'intérêt. Il permet

[1] Il sera question des folles enchères plus bas, à la suite des détails
donnés sur les enchères.

[2] J'avois cru d'abord que les plus riches corporations avoient acquitté
sur-le-champ les sommes auxquelles elles avoient été taxées, et que, pour
cela, beaucoup ne figuroient pas au compte; mais, la manière de procéder
dans le compte, et le soin qu'on a eu d'y faire figurer ceux même qui avoient
acquitté en entier le montant de leur fermage, ne permet pas cette suppo-
sition. Il faut donc reconnoître qu'elles n'y figuroient pas pour d'autres
motifs.

même de se faire une idée assez détaillée de l'état d'une partie du commerce et de la production de Paris, à cette époque, au moyen du rapprochement des sommes auxquelles étoient affermées les diverses industries énumérées, et qui formoient un total de quarante mille cent soixante-huit livres huit sols parisis. Tandis, par exemple, que les orfèvres (industrie de luxe) payoient huit cents livres parisis, les balanciers (industrie de nécessité) n'en produisoient que quatre. La pelleterie étoit affermée onze cent vingt livres parisis, et les feutriers n'en rapportoient que soixante-quatre. Il est vrai cependant que la simple énonciation de la totalité de l'impôt, fournie par chaque fermage, n'offre pas à beaucoup près le même intérêt que si la recette étoit détaillée comme dans les comptes publiés par Buchon et par Géraud[1]; mais pour cela il eût fallu avoir les états de perception des fermiers dont n'avoit pas à s'occuper le receveur comptable.

Le deuxième chapitre est relatif à la prévôté, vicomté et diocèse de Paris. Il se compose de vingt-sept paragraphes, comprenant cinq cent cinquante-sept articles[2], et six cent quatre-vingt-neuf villes,

---

[1] Buchon, sous le titre de : *Livre de la taille de Paris en* 1373, à la suite de la *Chronique métrique de Godefroi de Paris.* Paris, 1827, in-8. Géraud, sous le titre de: *Paris sous Philippe-le-Bel.* Paris, 1837, in-4. (*Documents inédits sur l'Histoire de France.*)

[2] Moins Saint-Denis et le Lendit, les localités qui ont plusieurs articles figurent toujours sous le même numéro, avec cette addition *bis, ter,* etc. Le nombre total de ces articles répétés est de 23. Il est à remarquer que pour quelques localités, on n'a donné qu'un seul chiffre, ce qui constate qu'elles n'avoient encore rien payé, lors de l'entrée en fonction de Jean le Mire. Quelques autres aussi ne sont indiquées que pour mémoire, attendu, est-il dit, que nul ne les mit à prix. Preuve incontestable de leur peu d'importance.

villages ou autres localités. Saint-Denis y figure
pour seize articles, et la foire du Lendit pour
vingt.

En tête du compte, il est dit que *le sixiesme du vin
qui lors avoit cours.... par certaine ordenance, fu ramené au treiziesme*, etc. ; cependant ce deuxième chapitre a pour titre : *Autre recette à cause des imposi-
tions de douze deniers parisis pour livre et des treizies-
mes des vins*, etc., tandis qu'un peu plus bas le détail
de la recette commence ainsi : SAINT-MARCEL-LÈS-
PARIS, *de Jean de la Mallière, fermier pour ledit an,
de l'imposition et* SIXIÈSME *de ladite ville*, etc., et cette
expression le SIXIESME se répète à tous les articles ; de
sorte qu'en commençant il est dit que le compte com-
prend les douze deniers pour livre et le treizième du
vin, et que, par le fait, c'est le sixième dont il est rendu
compte ; ce qui est conforme aux détails consignés en
tête du registre, à la suite du passage rapporté plus
haut, où, après l'énonciation de ce fait, que le sixième
fut ramené au treizième, à partir du 1er mars 1369
(1370, n. st.), il est dit que les fermiers rendroient cependant leurs fermes au prix qu'ils les avoient prises,
sauf à leur faire déduction du surplus.

Les lettres qui établissoient le sixième au lieu du
treizième subsistent, et sont d'autant plus importantes
qu'indépendamment de ce qu'elles constatent une
tenue d'états à Rouen dont Secousse ne parle pas,
elles fournissent des détails fort curieux sur les événemens de l'époque. Elles sont datées du 9 août 1369,
ce qui prouve que l'impôt du sixième, qui n'avoit pu
être établi avant l'époque où commence le compte, et
qui avoit cessé le 1er mars suivant, ne dura pas beau-

coup plus de six mois. Elles sont conservées aux Archives nationales K, 49, n° 40 [1].

« Charles, par la grace de Dieu, roy de France, à tous ceulz qui ces lettres
verront, salut : Comme à la derrenière assemblée que tint nostre tres-chier
seigneur et père, dont Dieux ait l'ame, à Amiens, de pluseurs dux, contes
et autres de son sancg, du nostre et de pluseurs prélas, barons, chevaliers
et autres, et pluseurs bonnes villes dud. royaume, il eust esté advisé et
ordené qu'il seroit prevu de six mil combatans, prest continuelment à la
défense du royaume contre les ennemis, pluseurs gens de compaigne qui y
estoient et tous autres qui s'efforceroient ou voudroient efforcier de grever
ou dommagier icellui royaume; et pour avoir la mise qui y convendroit,
furent advisés et ordonnez, et après mis sus certains aides, en nostre bonne
ville de Paris, et viconté, sur le vin et es autres villes du royaume, par manière de fouages, pour lesquels fouages lever, moult de griefves executions
et dommageuses ont este faites par plusieurs nos officiers et sergens, si
comme il nous a esté rapporté et en sommes suffisanment enformez, et si
n'en est pas venu de prouffit à nous qui souffise au quart de lad. mise ; et
comme le roy d'Angleterre et ses aliez et adherens se soient efforciés maintenant et efforcent de usurper et emprendre, contre raison, les drois de nous,
de nostre coronne et dud. royaume, et grever et dommagier nos subgés, de
tout son pouvoir, sanz cause et contre les traictiés et accors fais entre nostred.
seigneur et père et lui, comme nous lui avons fait monstrer et esclarcier par
pluseurs solennés messages à lui envoiez, de par nous, en Angleterre, et
neantmoins ne s'en est volu desister. Le rapport desquels messages oy en
l'assemblée que derrenièrement avons tenue à Paris de pluseurs de nostre
sancg et de pluseurs prélas, nobles et bonnes villes dud. royaume, il a esté, à
grant meurté, délibéré et conseillié que, à très-juste cause, avons à contrester,
à l'encontre de la male volonté et emprise dud. roy d'Angleterre, ses aliés et
adhérens, par toutes les voies que nous pourrons, et à ce offrirent tous à
nous aidier et servir de tout leur povoir; pour quoy nous, par grant et
meure deliberation de graut conseil, avons enprinse certaine armée en mer
et pluseurs gens d'armes fait venir en nostre royaume, sur la terre, afin
que, à l'aide de Dieu, nous puissons briefment meittre à paix nostred.
royaume et tous les subgés d'icellui, par force et bonne victoire ou autrement, au plaisir de Dieu, et, pour véoir et savoir l'estat de ces choses, et en
avoir bon conseil et aide, aions à présent fait assemblée (assembler) à Rouen
pluseurs de nostre sancg, prélas, nobles et bonnes villes dud. royaume,
auxquels nous avons exposé et déclairié tout le fait, et fait veoir nostre
navie et toute l'ordennance et provision de nostred. armée en mer, et aussi
de la guerre et défeuse de nostre royaume en terre, et après, à très-grant
et meure délibératiou, avons fait adviser en quoi nous pourrions deschargier
nos subgés dud. royaume et pourvéoir de tels aides que nous péussions
faire la mise neccessaire en ce fait ; et, tout considéré au mieulx que bou-
nement a peu estre fait, avons ordonné et ordonnons, par ces présentes, que
à nostred. bonne ville de Paris sont et demourront les aides ordenez par
nostred. seigneur et père, pour le fait de la guerre, en la manière qui li

Cette partie de la recette présente en bloc le produit des douze deniers et du sixième du vin pour

furent establiz et que l'en en a usé, et oultre de chascune queue de vin ou autre vaisslei qui d'orés en avant sera vendu, en lad. ville à détail, sera levée autele somme comme paie l'acheteur à l'entrée de lad. ville, et aussi, pour ce qu'il est à présent, Dieu merci, assez bon marchié de grain, nous avons volu et octroyé, volons et octroyons, par ces présentes, à tous habitans d'icelle ville, non contrestant autres ordenances ou defenses faites au contraire, qu'il puissent brasser et faire servoises et autres buvrages, bons et convenables, et, bien advisé et compté le juste pris de tout le frait et mise et le grain, en faisant du tournois le parisi, aux brasseurs ou faiseurs de servoise ou autre buvrage, certain taux sera fait, par nos commis sur ce, à quel pris, la pinte sera vendue convenablement pour le chatel et guaing dud. brasseur ou faiseur de servoise ou autres buvrages ; et après oultre ce adjousté le quart d'icellui pris qui sera levé au proufflt de nous, pour convertir au fait dessusd.; et ancor de chascun sestier de grain molu, aus molins de lad. ville, sera paié 2 s. p. qui seront tournés et convertis ou fait dessusd., et , es autres villes et pays du royaume de la Langue-d'oyl, seront levés pareillement lesd. 2 s., au molin, de chascun sestier, en aiant égard à la mesure de Paris , se plus grant est celle du lieu où il sera molu, plus, et s'elle moindre, moins et en paiant lesd. 2 s. p. ou queurent les parisis et les 2 s. t. ou pais ou queurent tournois, sauf (et) trait que les demeurans en plat païs et hors fermeté, seront quictes, par paiant, pour leurd. blé, le disiemme d'icellui ou lesd. 2 s., lequel que mieulx leur plaira, et en lieu du 13ᵐᵉ, ja pieça ordonné et establi, par nostred. seigneur et père, sur le vin, sera assis et courra d'ores en avant le (sisiemme); c'est assavoir que de chascune queue de vin vendue en gros, le vendeur paiera la sisiemme partie du pris d'icelle vente, pour convertir ou fait dessusd., et, du vin créu es vignes d'aucuns de nos subgés ou despensé en leur hostel, sera levé le 12ᵐᵉ dou pris d'icellui vin, en regart au moyen pris et non mie au meilleur ne au peiour, sauf et excepté le vin créu es vignes des gens d'église despensé en leurs hostelz; et de tout le vin vendu à détail et de tous autres buvrages sera levé le quart, en la manière que dessus est déclairié, de la servoise et autres buvrages que vin, venduz à Paris; et dureront ces aides un an continuelment de l'encommencement de leurs cours, et encore se plus tost les povons abatre, par aucune pace ou fortune que Dieu nous envoie, nous les abaterons; et ces choses mises sus, voulons que lesd. fouages, en quelque partie de nostre royaume qu'il aient cours, soient abatus et mis jus du tout, et tout aide quelconques qui estoit pris, comment que ce feust et en quelque chose que ce feust, pour cause ou occasion des prinses des leux, par nos gens, officiers ou commis, de quelque povoir qu'il eussent aud. royaume, soit rappellé et mis au néant, et nous, par ces présentes les rappellons et mettons au néant du tout, sens se que jamais en puisse estre ne soit riens levé; et encore, pour ce que nous avons oyes pluseurs pleintes que pluseurs griefs sont fais à nos subgés dud. royaume, pour cause des guetz de pluseurs chasteaux et autres

toutes les localités, moins un très-petit nombre, dont l'importance, relativement un peu plus grande, avoit sans doute exigé que les deux taxes fussent allouées à deux fermiers différens. La taxe s'élevoit en tout à vingt-huit mille neuf cent douze l. dix-sept s.[1]. Saint-Denis et le Lendit offrent seuls des détails de la nature de ceux donnés pour la ville de Paris. Ainsi, point d'intérêt au point de vue industriel, que pour Saint-Denis et sa célèbre foire. Au point de vue de la statistique et de la géographie historique au contraire, ce chapitre est digne, en tous points, de fixer l'attention. D'une part, il permet, sinon de déterminer d'une manière absolue les rapports de la population d'alors avec celle d'aujourd'hui, du moins de constater approximativement les mouvemens qui se sont opérés dans l'étendue de l'ancien diocèse de Paris, et les grands développemens acquis par certaines localités; d'autre part, il fournit le moyen de faire connoître les modifications que beaucoup de noms de lieux ont subies. Voici

fors, tant de nostre royaume comme d'autres, par manière de raençons, de defaus et autres extorsions, comme de grans travaux aus povres labourcurs et pertes et dommages de leurs journées et labours, avons volu et ordonné, volons et ordonnons, par ces présentes, que toutes teles exactions dommageables et grévables de nosd. subgés, soient rappelées et mises au néant, et nous les rappelons et mettons du tout au néant, par ces présentes, pourveu que ausd. chasteaulx et fors ordonnés à garder et guettier, par nos lettres, pour le prouffit des païs et habitans, deument soit advisié et ordonné, par nos officiers, de sufficient gueit et neccessaire, par personnes convenables, selon l'estat et le besoing d'iceulx chasteaulx et fors ordenéement et par bonne et meure voie de justice, sans aucune extorsion ou oppressions quelconques. Si donnons en mandement, etc.

« Donné à Rouen le viii me jour d'août, l'an de grace mil ccclx neuf. »

[1] L'aide comprenoit donc 40 168 l. 8 s. pour Paris, plus 34 000 l. pour le vin dans cette même ville; plus, 28 912 l. 17 s. pour les villes du diocèse. Total : 103 081 l. 5 s.

quelques rapprochemens qui serviront à justifier
cette double assertion. A cette époque Sceaux n'étoit
qu'une très-petite localité, c'est aujourd'hui un chef-
lieu de sous-préfecture considérable; Vaugirard avoit
moins d'importance qu'Issi, qui lui est maintenant
bien inférieur en population; Passy s'affermoit avec
Auteuil, et venoit après; sa population est actuellement bien supérieure à celle d'Auteuil; Versailles n'é-
toit qu'un village, c'est une grande ville, etc. etc. etc.
Pour la modification des noms, il suffira de citer Fon-
tenay-les-Bagneux, Le-Plessis-Raoul, Moncy-le-Vieil,
Moncy-le-Neuf, Bouconval, Wiermes, etc. etc. etc.,
qui s'appellent aujourd'hui Fontenay-aux-Roses,
Le-Plessis-Piquet, Mouchy-le-Vieux, Mouchy-le-
Neuf, Bouqueval, Viarmes[1]. Il y a encore les villages
absorbés par Paris, dont les produits permettent également d'apprécier l'étendue à l'époque dont il s'agit.
Quant à Saint-Denis et au Lendit, les détails consignés dans le compte démontrent que la ville dès
lors ne laissoit pas que d'être importante, mais ils ne
donnent pas une aussi haute idée que l'on pourroit le
supposer de cette grande foire dont il est si souvent
question au moyen âge. Il est à croire que les mal-
heurs du temps avoient diminué l'affluence des com-
merçans et des industriels, et par conséquent tari en
partie la source des produits.

[1] Ce seroit peut-être ici le lieu de bien déterminer la situation de certaines
localités, sur la position exacte desquelles il existe des doutes; mais ce
travail, sans doute fort utile et fort curieux, exigeroit des développemens
que ne comporte pas le cadre de cette publication. Je me borne donc à appeler sur ce fait l'attention des érudits.

DÉPENSES.

Sous le rapport des études historiques, les dépenses ont plus d'importance que les recettes ; elles fournissent des détails plus divers et plus circonstanciés.

Le premier chapitre contient les sommes remises au receveur général des aides ordonnées pour le fait de la guerre ; ce qui ne se faisoit qu'en vertu de décisions des états.

Les réparations, améliorations, etc., faites à l'hôtel Saint-Pol, à Paris, et au château de Saint-Germain en Laye, font l'objet du deuxième chapitre, divisé en deux paragraphes. On lit en tête de chaque paragraphe comment et en vertu de quels ordres ces sommes avoient été allouées.

Il a déjà été question de Brocart de Fenestranges. Comme on l'a vu plus haut, c'est dans le troisième chapitre que sont consignées les dépenses occasionnées par divers voyages faits auprès de lui. Ce chapitre, formé d'un paragraphe unique, se compose de neuf articles ; chacun de ces articles est accompagné de détails explicatifs, très-précis et fort curieux sur les motifs qui avoient occasionné les dépenses qu'on y a consignées.

Par les lettres du 8 août 1369 rapportées plus haut, on a vu que Charles V avoit conçu le projet de faire une descente en Angleterre, et que pour cela il avoit équipé une flotte conduite à Rouen par ses ordres ; le chapitre ıv, formant deux paragraphes d'un seul article chacun s'applique aux dépenses faites par *le clerc de l'armée de la mer* et à la remise d'une folle enchère.

Un haut intérêt se rattache au chapitre v, divisé en quatre paragraphes. Ce chapitre a trait au tiers des aides octroyées par le roi Jean à la ville de Paris.

Au xive siècle les institutions municipales, dégagées des entraves que leur avoit suscitées la féodalité pendant le xiie et le xiiie, étoient aussi fortes qu'elles le furent jamais, durant le moyen âge, et fonctionnoient généralement avec toute la vigueur, avec toute la régularité dont elles étoient susceptibles. C'étoit à peine s'il existoit çà et là un petit nombre de villes ayant encore quelques efforts à faire pour achever de se débarrasser des impuissantes prétentions de seigneurs mal avisés qui se livroient à des excentricités d'un autre temps. La réhabilitation universelle des vieilles cités romaines, les rapides progrès de l'émancipation communale qui se complétoient tous les jours, étoient sans doute l'œuvre du temps ; mais les rois de France n'avoient pas peu contribué à hâter la marche de cette grande amélioration sociale, en confirmant les libertés et les priviléges anciens, en accordant des immunités et des franchises nouvelles, et en prenant sous leur protection tous ces centres de population indépendante. Il étoit donc tout naturel que la bourgeoisie se montrât reconnoissante à leur égard, et c'est ce qu'elle fit. Depuis Philippe Auguste jusqu'à Jean, son dévouement à la monarchie fut toujours inaltérable. A son avénement, et malgré ses tendances aristocratiques qui l'ont fait appeler, par

M. Michelet, le roi des gentilshommes [1], Jean, non-
seulement ne négligea point les villes, mais encore,
à l'imitation de ses devanciers, leur prodigua ses
faveurs [2]. Aussi leur profond attachement à la couronne ne fut, en aucun temps, plus sincère, plus entier
qu'à cette funeste époque ; et, sans nul doute, si,
après la bataille de Poitiers, le pays ne fut pas mor-
celé et le royaume de France à jamais détruit, c'est
à leur attitude ferme, à leur généreux patriotisme
qu'il faut surtout en attribuer la cause. Mais ce n'est
pas tout, ce furent elles aussi, lorsqu'il fallut acquitter la rançon du roi, qui, les premières, s'im-
posèrent les plus lourds sacrifices [3]. Quand donc il
n'auroit été poussé que par un simple motif de reconnoissance, Jean ne pouvoit pas manquer de leur
témoigner la plus grande bienveillance. Il est bon de
faire observer, toutefois, que le désir d'être agréable
aux villes ne paroît pas avoir été l'unique sentiment
qui le guida dans cette circonstance [4].

On a vu plus haut qu'en accordant l'aide, les populations avoient exigé la suspension de tous autres

[1] *Hist. de France*, t. III, p. 359.
[2] *Rec. des ord. des R. de Fr.*, t. III et IV, passim.
[3] Lors du premier payement, la ville de Rouen fournit 20 000 moutons *rex*
empruntés, par elle, au comte et à la comtesse de Namur, et non encore finis
de payer en 1363. Arch. nationales, K 48, n° 45. (Voir aussi les n°s 7, 7 *bis*,
7 *ter*, 16, 17 et 27 du même carton.) Nous ne savons pas exactement quelle
fut la somme fournie par Paris ; mais nous avons la preuve que cette ville
emprunta, pour concourir au payement. Le n° 8 du carton déjà cité, est un
vidimus du 22 juillet, de lettres du prévôt des marchands du 17 juillet 1360,
portant que l'abbaye de Saint-Denis lui prêta 1 000 royaux d'or. Il n'est pas
douteux que ces deux villes ne furent pas les seules qui en agirent ainsi.
[4] On va voir que la ville de Paris ne fut pas la seule à qui le roi fit des
concessions sur l'aide pour sa rançon ; mais, qu'au contraire, toutes y avoient
part.

impôts. Le roi n'avoit donc pas de très-grandes ressources à consacrer à l'entretien des forteresses qu'il pouvoit encore directement tenir entre ses mains, et d'ailleurs les troupes lui manquoient. Les villes, au contraire, indépendamment des sacrifices qu'elles s'imposoient pour la rançon, avoient des revenus particuliers au moyen desquels elles entretenoient leurs fortifications, pourvoyoient à leur défense, levoient des troupes à leur solde, et se tenoient toujours prêtes à repousser les attaques extérieures. Par conséquent là seulement subsistoient alors les élémens essentiels d'une résistance efficace. La politique non moins que la reconnoissance exigeoit donc que leurs bonnes dispositions fussent vigoureusement secondées; car, dans la position difficile où se trouvoit le pays, elles étoient, sinon l'unique, du moins la principale ressource sur laquelle on pût compter. Aussi le roi n'hésita pas, et il attribua aux villes en général deux des douze deniers prélevés sur les marchandises[1]. Mais, ce qui pouvoit parfaitement suffire aux villes ordinaires, n'auroit aucunement répondu aux besoins de Paris, dont les charges étoient bien plus étendues et bien autrement sérieuses, s'il est permis de parler ainsi.

Paris étoit la capitale du royaume; c'étoit là que résidoient la cour et les grands pouvoirs de l'État. En ce moment où le pays étoit ouvert de partout, si la guerre recommençoit, il étoit évident que l'ennemi dirigeroit tous ses efforts vers le centre de la monar-

[1] C'est ce qui résulte des faits consignés dans les trois registres déjà signalés; on va même voir que Brie-Comte-Robert les percevoit sur l'aide levée dans le diocèse de Paris.

chie ; et d'ailleurs l'administration municipale de Paris
n'avoit pas seulement dans ses attributions la ville
proprement dite, mais en outre ce qu'on appelle encore
aujourd'hui *la petite banlieue*, comme le constate le
compte [1] ; aussi au lieu de deux deniers sur les douze
pour livre, Jean lui accorda-t-il le tiers de toute l'aide
perçue dans le diocèse. Quoique les détails consignés
dans cet important chapitre ne soient pas à beaucoup
près aussi développés qu'on le désireroit, tels qu'ils
sont cependant, ils ne laissent pas que d'avoir un
très-grand intérêt, et de donner une idée assez exacte
de ce qu'étoit le pouvoir municipal de Paris, et de
l'activité qui présidoit aux travaux de défense dont
il étoit chargé.

Le chapitre vi ayant pour titre : *Autre dépense
faite desdites aides, tant pour le roy comme pour ladite ville de Paris*, nous apprend que la ville de
Brie-Comte-Robert recevoit les deux deniers sur les
douze pour livre, généralement attribués aux villes,
au nom du roi à la fois et de la ville de Paris, ce qui,
rapproché du dix-huitième article du troisième paragraphe du chapitre précédent, constate beaucoup
mieux que toutes les explications que l'on pourroit
donner l'importance de l'administration municipale
de Paris.

Il existoit en matière d'enchères un usage consacré
par la Chambre des comptes et réglé comme il suit :
« Quando aliqua venda incheriatur, quælibet inche-
« ria est de decem denariis in quibus incheriator habet
« quartam partem incheriæ suæ et rex tres partes re-

[1] Chapitre v. § 2 et 3.

« siduas, et ultimus incheriator seu mercator debet
« totum, cum corpore vendæ[1]. »

Cette règle avoit été évidemment modifiée, quant
au chiffre des enchères, puisqu'il en existe dans le
compte depuis dix jusqu'à plusieurs centaines de
livres; mais, à part cela, les principes consacrés
par ce texte étoient religieusement observés. Voilà
pourquoi le chapitre VII, formant un seul paragraphe de trente-cinq articles, ne traite que du
remboursement des sommes dues pour cause d'enchères[2].

Quant aux folles enchères dont il a été question
plus haut, la différence du prix étoit, il est vrai, assez
généralement remboursée[3]. Toutefois ce remboursement avoit lieu, non pas en vertu d'un droit pré-
existant, mais parce que les rois avoient contracté
l'usage d'en faire à peu près toujours la remise;

---

[1] Dom Carpentier, supplément au *Glossaire de du Cange*, v° *Incheria*. Il
dit avoir pris ce passage dans un *Reg. de la Ch. des Comptes*, conservé à la
Bibl. roy. sous le n° 8406, fol. 102.

[2] Pour compléter les renseignements sur cette question, il est bon de
faire observer que la dernière enchère appartenoit au roi, c'est-à-dire que
celui qui obtenoit l'adjudication, indépendamment de ce qu'il étoit chargé
de payer les remises à faire aux autres enchérisseurs, n'avoit lui-même aucune remise à percevoir. J'ajouterai que les détails qui précèdent constatent
désormais l'inutilité d'une note insérée par Secousse au sixième volume du
Rec. des Ord. des R. de Fr., p. 515, et qui est ainsi conçue :

« Une personne très-habile en matière de finances assure qu'ancienne-
« ment, lorsqu'un troisième enchérisseur faisoit une enchère sur le second,
« il estoit obligé de lui payer la somme que celui-ci avoit enchérie sur le
« premier qui avoit fait son enchère, et que cela s'observoit toutes les fois
« qu'il se présentoit un nouvel enchérisseur, mais elle n'a pu retrouver les
« lettres dans lesquelles elle a appris cet ancien usage. »

[3] On ne laissoit cependant pas que de les exiger parfois, comme cela est
prouvé par celle qui est portée en compte après le n° 15 du § 4 du ch. II, et
surtout par celle qui vient après le n° 17 du même paragraphe, dont une
partie avoit été déjà reçue. Voyez aussi après le n° 2 *bis* du § 19.

aussi trouve-t-on habituellement, dans les comptes,
et peut-on voir dans celui-ci, en marge, ce mot *remissio* ou son équivalent, placé ici en note pour la régularité de l'impression.

On a vu que, pour le vin, on avoit perçu le sixième
de la recette, sauf à faire ensuite la déduction de la
différence du sixième au treizième, à partir du
1er mars 1369 (1370, n. st.). C'est cette différence qui
fait l'objet du huitième chapitre de la dépense, composé
de onze paragraphes et de cent quatre-vingt-trois
articles. Il semble, au premier coup d'œil, que cette
manière de procéder avoit quelque chose d'étrange
et d'insolite ; mais quand on examine les détails de
la dépense, comme on voit que tous les fermiers
étoient arriérés dans leurs comptes, on doit croire
qu'on usa de ce moyen pour les obliger à couvrir
cet arriéré[1].

Les gages du comptable et les dépenses occasionnées pour la rédaction et la transcription du compte,
en double exemplaire, etc., font l'objet du chapitre ix, composé de deux paragraphes d'un article
chacun.

Le chapitre x est relatif à ce que devoit encore le
comptable et à ce qu'il falloit rabattre de la somme
due. Il contient en même temps les observations
et les prescriptions de la chambre des comptes. A
la différence des autres, ce chapitre est rédigé en
latin.

Sous le nom de *deptes deues au roi* on a placé, au

[1] Deux articles sont barrés à la fin de ce chapitre. Des explications mar-
ginales que j'ai placées en note disent pourquoi.

chapitre xi et dernier, divers restes de compte dus par des fermiers. A la fin de ce chapitre, qui n'a qu'un paragraphe contenant trente articles, se trouvent, en double emploi, divers numéros de ce même chapitre qui ne sont pas reproduits. Une note avertit le lecteur de leur suppression[1].

A la suite de ce chapitre se trouvent transcrits divers actes relatifs au compte et au comptable. Ce sont :

1° Lettres de Charles V, du 3 juin 1373, par lesquelles il fait don au comptable d'un reliquat de six cents liv. par., suivies d'un ordre de la Chambre des comptes pour qu'il soit déclaré quitte de cette somme;

2° Lettres des généraux conseillers sur le fait des aides de la guerre, du 1er mars 1374, par lesquelles ils consentent à l'entérinement des lettres du roi;

3° Autres lettres des mêmes du 5 mars suivant, donnant ordre au comptable de remettre l'arriéré de son compte à Jean de Laigny, pour qu'il en fasse le recouvrement;

4° Lettres de Jean de Laigny, actuellement receveur des aides pour la guerre, dans le diocèse de Paris, du 15 du même mois, portant qu'il a reçu le rôle sur lequel est inscrit cet arriéré.

---

[1] Le chapitre *Deptes deues au roy*, etc., est bâtonné dans le registre, tandis que le double emploi ne l'est pas; cela tient à ce que les numéros en double emploi sont les seuls qui réellement rappellent des arriérés à payer. En faisant la suppression, j'ai eu soin d'indiquer ces numéros, de sorte qu'on pourra facilement les reconnoître et constater sans peine ce qui étoit dû. Je me suis décidé à cette suppression, parce qu'il m'a paru plus convenable de donner le chapitre dans son état primitif, avec une simple, mais exacte indication des modifications survenues.

Tel est l'ensemble de ce compte, formant un très-beau registre de cinquante sept fol. en parchemin, grand format carré, d'une très-belle conservation et coté 12 dans la série des comptes déposés à la section historique des Archives nationales. L'écriture est du temps, mais sans enjolivemens, et il est à croire que c'est une des deux copies dont il est parlé au chapitre IX.

Il s'est glissé quelques erreurs dans le travail du copiste. Je signalerai les suivantes :

RECETTE, ch. II, § 6, n° 1. Le fermier y est appelé *fermier de l'imposition et treiziesme*. Il est hors de doute qu'on a voulu mettre *sixiesme*; cela est si vrai, qu'il n'est question en tête du chapitre que du *sixième*; que tous les fermiers comptoient pour le *sixième*, et qu'il y a un chapitre exprès pour leur rembourser la différence du *sixième* au *treizième*.

Ibid. § 16, n° 31. 10 s. de différence en plus entre le chiffre du fermage et le total de ce qui a été payé et de ce qui est encore dû.

Il est à remarquer que ce compte n'est pas aussi complet que ceux des diocèses de Langres et de Bayeux, et qu'on n'y trouve pas, comme dans ces derniers, la recette du *cinquième* du sel, imposé par l'ordonnance du 5 décembre 1360 déjà citée. Cela tient sans doute à ce que cette recette étant bien plus considérable dans le diocèse de Paris que dans les autres, on jugea qu'il étoit plus avantageux de la confier à un comptable particulier. C'est d'autant plus à regretter aujourd'hui qu'il ne reste plus trace du produit de cette partie de l'aide. Maintenant quelques détails sur le comptable et sur les fermiers des diverses parties des aides qui versoient entre ses mains.

En rendant son ordonnance du 5 décembre 1360, Jean avoit nommé receveur des douze deniers pour livre et du treizième du vin Gilles de Fraguenaz, bourgeois de Paris, qui n'existoit plus vers la fin d'août 1363[1]. Il eut pour successeur un autre bourgeois de Paris, Jean Gencian, appelé à le remplacer, par lettres du 5 septembre de la même année[2]. Gencian occupa cet emploi jusqu'en 1370 qu'il fut nommé général maître des monnoies. Jean le Mire lui succéda le 15 mai et fut lui-même remplacé par Nicolas de Mauregart, le 3 septembre suivant[3]. Voilà pourquoi le compte qui nous occupe, quoique rendu au nom de Jean le Mire, n'en indique pas moins, article par article, les parties de la recette perçues par Jean Gencian.

Jean le Mire appartenoit très-probablement à une famille de financiers, car il est à croire qu'il étoit le petit-fils de Jean le Mire, mort trésorier des guerres de Philippe de Valois et dont les héritiers furent dotés d'une pension, par ce prince, en mémoire des services par lui rendus à la couronne[4]. Celui qui rendit le compte qui nous occupe étoit d'abord receveur général des aides ordonnées pour le fait de la guerre[5]; et après avoir été receveur des aides du diocèse de Paris, il passa, en cette même qualité, dans le diocèse

---

[1] *Rec. des Ord. des R. de Fr.*, t. IV, p 114.
[2] *Rec. des Ord. des R. de Fr.*, ibid.
[3] P. 187 et titre du premier chap. de 1 recette, p. 192.
[4] Arch. nationales, J 149, nos 64, 65 et 6n.
[5] Lettres de Charles V du 3 juin 1373, à la fin du compte.

d'Auxerre[1]. Les lettres de Charles V du 3 juin 1373, dont il est parlé plus haut, prouvent que ses services étoient appréciés par le roi.

La série des fermiers des aides, plus obscurs généralement, présente cependant, dans le nombre, quelques noms qui jouèrent des rôles remarquables dans le xive siècle. Tels sont les Pizdoé, les Saint-Yon, les Malherbe, les Maillart, etc., etc., etc. Mais quand bien même il ne s'y trouveroit pas de ces noms importans, elle offriroit ce double avantage de nous faire connoître, d'un côté, une foule de bourgeois qui prirent une part plus ou moins active aux affaires de Paris, et de l'autre, une série de sujets formés à la grande école de comptabilité de l'époque, d'où durent sortir la plupart des financiers qui se rendirent célèbres dans ce temps-là.

Un dernier mot sur la manière dont il a été procédé pour l'impression de ce compte.

Si l'impression s'étoit faite matériellement, de longues redites qui se reproduisent à chaque article en auroient plus que doublé l'étendue. Pour éviter au lecteur ces diffuses et ennuyeuses répétitions et supprimer des frais inutiles, le premier article seul de chaque chapitre a été imprimé en entier, et on n'a conservé des autres que les parties essentielles, c'est-à-dire les chiffres qui les différencient, en ayant soin de disposer ces chiffres d'après un système régulier. C'est ainsi que, dans les recettes, les sommes formant le prix total des fermages ont été coordonnées de manière à toujours correspondre les unes aux autres, ce qui

---

[1] Lettres de Charles V du 3 juin 1373, à la fin du compte.

pareillement a lieu pour les sommes déjà versées et
les sommes qui restoient à verser, et que de même,
dans les dépenses, chaque nature de payemens ou
d'allocation de fonds suffisamment spécifiée, se dis-
tingue sans peine, et se produit avec ensemble, sans
jamais laisser prise à l'incertitude. Du reste, à tous
les chapitres où cela a paru nécessaire, des notes
rappellent au lecteur la manière dont on a procédé.

RANÇON

DU ROI JEAN.

La teneur des lettres du Roy nostre seigneur par lesquelles Jehan le Mire fu ordené receveur des aides dont mencion est faicte cy-après : .

Charles, par la grace de Dieu, roy de France, à tous ceuls qui ces lettres verront, salut : Savoir faisons que nous, pour le bon rapport et tesmoignage qui fait nous a esté du bien de la personne de nostre amé Jehan le Mire, confians à plain de son sens, loyauté et bonne diligence, ycellui avons fait, ordenné et establi, faisons, ordenons et establissons, par ces présentes, receveur sur le fait des aides pièc'a ordennez pour la délivrance de feu nostre très chier seigneur et pere, que Dieux absoille, es ville, cité, prévosté, viconté et dyocèse de Paris, ou lieu de Jehan Gencian, lequel, pour considéracion des bons services qu'il nous a faiz par long temps, oud. office; nous avons fait et ordené général-maistre de noz

monnoies, à autels et semblables gaiges comme avoit
et prenoit led. Jehan Gencian, à cause dud. office;
auquel Jehan le Mire nous avons donné et donnons
povoir, auctorité et mandement espécial de faire et
exercer led. office de recepte, de faire et faire faire
toutes manières de contraintes et exécucions touchans
le fait desd. aides, de cueillir, lever et recevoir touz
les deniers qui d'iceuls aides istront et généralment
de faire toutes autres choses qui aud. office pevent
et doivent appartenir. Si donnons en mandement,
par ces présentes, à touz noz justiciers, officiers et
subgiez que aud. Jehan le Mire, comme à receveur
général d'iceuls aides, obéissent et entendent dili-
gemment et à noz améz et féaulx gens de noz comptes
à Paris que les gaiges dessusd. ilz alloent, en ses
comptes, et rabatent de sa recepte, senz contredit
aucun. En tesmoing de ce nous avons fait mectre
nostre séel à ces lettres.

Donné à Paris le xvᵉ jour de may l'an de grace
mil ccclx et dix et le viiᵉ de nostre regne. Ainsi sy-
gnées par le roy.

H. Daunoy.

Item. la teneur du vidimus des lettres de la taxa-
cion des gaiges dud. Jehan Gencian dont mencion
est faicte es lettres cy dessus transcriptes.

A tous ceuls qui ces lettres verront, Hugues Aubriot, garde de la prévosté de Paris, salut : Savoir
faisons que nous, l'an de grace mil ccclxx, le lundi
viiᵉ jour d'octobre, véismes unes lettres royaux

séellées du grand séel du roy, nostre seigneur, desqueles la teneur ensuit :

Charles, par la grace de Dieu, roy de France, à
noz améz et féaulx les gens de noz comptes à Paris,
salut et dileccion : Comme nostre très chier seigneur
et pere, que Dieux absoille, par ses lettres, desqueles
il vous est apparu ou apperra, eust ordené et establi
nostre amé Jehan Gencian, bourgois de Paris, receveur des aides ordennez pour sa délivrance, en la
ville, prévosté, viconté de Paris, diocèse et ressort
d'icelle, et aucuns gaiges, pour lors, pour ycellui office, ne lui eussent esté taxez et ordenez, nous, pour
les bons et agréables services que led. Jehan a faiz,
tant à nostred. seigneur comme à nous, aud. office et
ailleurs, si comme, par personnes dignes de foy, nous
a esté relaté, ycellui avons ordené et establi et, par
ces présentes, ordenons et establissons receveur desd.
aides en la manière que ordené y fut par nostred.
seigneur ; et afin que à plus grant diligence et miex
il puist exercer led. office lui avons ordené et taxé,
et, par ces lettres, ordenons et taxons deux cens livres parisis de gaiges, par an, à prendre, par sa
main, sur lad. recepte, durant le temps que il a
exercé et exercera led. office, lesquelx, se mestier
est, lui donnons. Si vous mandons que, dès le jour
que, par nostred. seigneur led. Jehan fut institué
aud. office jusques à ores et d'ores enant, tant comme
il exercera, vous les gaiges de 200 l. p. dessusd.
allocz, en ses comptes, et rabatez de sa recepte, senz
contredit, nonobstant quelconques lettres, mandemens, ordenances ou deffenses à ces (lettres)
contraires. Donné à Senliz le xiiiᵉ jour de juillet

mil cccLxv et de **nostre** regne le second. Ainsi signé,
par le roy,

B. François.

Et nous, en cest présent transcript, avons mis le sćel
de lad. prévosté, l'an et le jour dessusd.

Item, s'ensuit la teneur des lettres du prévost des
marchans et des eschevins de la ville de paris de
la tauxacion des gaiges que led. Jehan le Mire a
et doit prenre, a cause de son office, sur le
tiers des aides appartenans a lad. ville.

Jehan Culdoé, prévost des marchans, et les eschevins de la ville de Paris, à Jehan le Mire, receveur
des imposicions de 12 deniers pour livre de la ville,
prévosté, viconté et diocèse de Paris et des 13ᵉˢ du
vin des villes de lad. prévosté, viconté et diocèse,
tant pour le roy, nostre seigneur, comme pour lad.
ville de Paris, pour et en lieu de Jehan Gencian,
salut : Comme, ja pièc'a il eust esté ordené, par nous
et par plusieurs autres bourgois de lad. ville, ap-
pelléz avec nous, que ycelui Jehan Gencian eust et
préist, par sa main, des deniers du tiers de sad.
recepte, appartenans à lad. ville, la somme de huit
vins livres parisis de gaiges, par an, tant comme il
feroit et exerceroit le fait de lad. recepte, pour cause
des peines et travaulx qu'il lui convenoit avoir, tant
en exerçant le fait de lad. recepte comme pour
bailler et distribuer les deniers dud. tiers, appartenans à lad. ville, à certaines personnes, par noz
mandemens, si comme plus à plain est contenu en noz

lettres, à lui données sur ce, et depuis et de nouvel,
le roy, nostre seigneur, vous ait ordené et commis ou
fait de lad. recepte, pour et ou lieu dud. Jehan Gencian, à telz et semblables gaiges comme avoit et prenoit ycellui Jehan Gencian, si comme nous avons
entendu, nous voulons, et, par l'avis et délibéracion
de plusieurs desd. bourgois, avons ordené que et
sur le tiers de vostred. recepte, appartenant à la
ville, vous aiez et prenez, par vostre main, lad.
somme de huit vins l. p., par an, oultre et avec les
gaiges que vous avez et prenez, à cause des autres
deux tiers de lad. recepte appartenant au roy, nostre
seigneur, tant comme vous avez exercé et exercerez
led. office de recepte, à compter du jour de vostre
commission, pour les causes et par la manière que
led. Jehan Gencian les prenoit et que, par rapportant
ces présentes ou vidimus d'icelles, yceuls gaiges
soient allocz en voz comptes et rabatuz de vostre
recepte senz contred. Donné, soulz le séel de la mar-
chandise, le xxᵉ jour de may, l'an mil ccc soixante
et dix.

COMPTE DE JEHAN LE MIRE.

Compte Jehan le Mire, receveur des imposicions
de 12 deniers pour livre et 13ᵉ des vins aians cours
en la ville, prévosté, viconté et diocèse de Paris,
après et ou lieu de Jehan Gencian, receveur, par
avant de lui, desd. imposicions et 6ᵉ des vins qui lors
avoient cours, pour l'année commençant le xvuᵉ jour
d'aoust ccclxix, des receptes et mises faictes desd.
aides par led. Jehan le Mire, depuis le xvᵉ jour de
may ccclxx, qu'il fu commis à ce, par lettres du roy,
nostre seigneur, dont la teneur est escripte ci-devant,
jusques au iiiᵉ jour de septembre ensuivant, que Nicolas de Mauregart fu commis oud. office, et depuis,
en recevant les restes et debtes desd. aides, pour lad.
année, dont led. Jehan demoura chargiez, jusques au
xxiiᵉ jour de juillet ccclxxi, et est assavoir que le
6ᵉ dessusd., par certaine ordenance fu ramené à 13ᵉ,
et fu ordené que, depuis le premier jour de mars
ccclxix, on ne leveroit que le 13ᵉ des vins en lieu
dud. 6ᵉ qui par avant (avoit) cours et que les fermiers
rendroient leurs fermes au pris qu'il les avoient prises,
parmi ce que, de touz les vins qu'il monstreroient avoir
esté venduz, depuis led. premier jour de mars, leur
seroit rabatu, de leurs fermes, autant comme le 13ᵉ
auroit moins valu que le 6ᵉ, se il eust eu tout son
cours, si comme par lettres de mes seigneurs les généraulx conseillers sur le fait desd. aides, données le
xᵉ jour de juing ccclxx, rendues à court, peut plus
plenement apparoir.

RECEPTE ET PREMIÈREMENT [1]

CHAPITRE PREMIER.

DES IMPOSICIONS DES MESTIERS ET MARCHANDISES DE LA
VILLE DE PARIS, POUR L'AN COMMENÇANT XVII° JOUR
D'AOUST CCCLXIX ET FENI XVII D'AOUST CCCLXX.

§ *Unique.*

	Liv. par. S. D.	Liv. par. S. D.	Liv. par. S. D. [2]
	1. BLÉ ET TOUT GRAIN.		
Girart Billon, fermier de l'imposicion dud. grain pour l'an dessusd., au pris de..........	3360 » »		
dont led. Jehan Gencien est chargié de....		2240 » »	
pour le demourant........			1120 » »
2. POISSON DE MER.			
Ph. de Vassal.	5160 » »	4647 12 »	512 8 »

[1] « Collacio hujus recepte facta fuit cum compoto Johannis Genciani, priori receptore hujus facti, qui quidem compotus alias fuerat collacionatus cum libro tradicionum firmarum.

[2] Cette indicatiou de Liv. par. S. et D. ne se trouve pas dans le registre; elle a été placée ici pour rendre plus facile à saisir la marche adoptée pour l'impression. Voyez plus haut, p. 185.

	Liv. par.	S. D.	Liv. par.	S. D.	Liv. par.	S. D

3. DRAPS A DÉTAIL.

J. de Senliz. 1430 » » 965 8 » 464 12 »

4. TOUTE ORFAVERIE.

P. Toustain. 800 » » 533 6 8 266 13 4

Et pour une folle enchière mise en lad. imposicion par Robert de Moncy, 40 l. p[1].

5. ESPICERIE.

N. le Tuillier. 1800 » » 1796 18 4 » 61 8

6. MERCERIE.

Guil. Feret.. 1200 » » 772 » » 428 » »

7. DRAPS EN GROS.

J. de Senliz. 5720 » » 3813 6 8 1906 13 4

8. BUSCHE ET CHARBON.

J. Bourgois. 2600 » » 1699 7 4 900 12 8

9. CORDOEN.

Girart Billon. 1260 » » 840 » » 420 » »

10. LA GRANT BOUCHERIE.

Guillaume de
Saint-Yon..... 4200 » » 2800 » » 1400 » »

11. PELLETERIE.

Estienne de
Mont-Rosti.... 1120 » » 653 6 8 466 13 4

12. CHEVAUX ET JUMENS.

Baudet de Bo-
nueil........ 1690 » » 1126 13 4 563 6 8

13. TOILES.

J. le Duc... 390 » » 260 » » 130 » »

---

[1] « Computet eciam dictam ineberiam fatuam in expensis, pro remissione sibi facta de eadem. »

	Liv. par.	S. D.	Liv. par.	S. D.	Liv. par.	S. D.
14. OINT, SUIF ET GRESSES.						
Rich. Jumel.	480	» »	307	» »	173	» »
15. POULAILLERIE.						
Colin le Boulengier......	560	» »	360	6 8	199	13 4
16. OEUFS ET FROMAGES.						
P. de Tournay et Jaquet Fauquet......	1760	» »	1173	6 8	586	13 4
17. LA BOUCHERIE SAINTE-GENEVIÈVE.						
P. de Tournay et Rob. le Cointe.......	480	» »	320	» »	160	» »
18. BAUDRAIERS.						
J. le Meneur.	198	» »	132	» »	66	» «
19. FERPERIE.						
Colin Quatre-en-Vault......	360	» »	240	» »	120	» »
20. CENDRIERS ET SAVONNIERS.						
J. le Meneur.	48	» »	32	» »	16	» ▪
21. CUIR TANNÉ ET A TANNER.						
Nicolas de Marceilles.....	504	» »	336	» »	168	» »
22. TISSERANS.						
J. de Lyons.	520	» »	346	13 4	173	6 8
23. SELLIERS ET BOURRELIERS.						
J. Malherbe.	192	» »	128	» »	64	» »
24. DOUBLETIERS.						
Girart Billon.	72	» »	48	» »	24	» »
25. TAPPIZ.						
J. de Dun..	210	» »	122	10 »	87	10 »

	Liv. par.	S.	D.	Liv. par.	S.	D.	Liv. par.	S.	D.
26. TUILLE.									
Cl. de Moncy.	100	»	»	58	6	8	41	13	4
27. FER ET ACIER.									
N. Touroude.	260	»	»	173	6	8	86	13	4
28. BOURSIERS ET MÉGISSIERS.									
J. Colette...	910	»	»	578	16	8	331	3	4
29. BÉAUMIERS.									
Jehan de Galardon........	224	»	»	146	11	»	77	9	»
30. HUILLE.									
J. Bourdon..	210	»	»	140	»	»	70	»	»
31. COURROIERS.									
J. le Cavelier.	63	»	»	36	15	»	26	5	»
32. TUMBIERS.									
J. Aillet....	10	»	»	7	18	8	»	41	4
33. POISSON D'EAUX DOUCE.									
Noel Baillet.	306	»	»	212	»	»	94	»	»
34. HANAPS DE MADRE.									
J. Aillet....	20	16	»	13	17	4	6	18	8
35. TASSETIERS.									
H. l'Alemant.	57	12	»	32	16	»	24	16	»
36. GANS DE LAINE.									
Cl. le Fevre.	60	»	»	35	»	»	25	»	»
37. COUSTES ET COISSINS.									
J. Bourée...	80	»	»	53	6	8	26	13	4
38. POZ DE TERRE.									
Geuffroy de la Doyere.....	54	8	»	36	5	4	18	2	8
39. TONNEAUX WIZ.									
Guil. Michiel.	50	8	»	33	12	»	16	16	»

	Liv. par.	S. D.	Liv. par.	S. D.	Liv. par.	S. D.
40. FEVRES ET MARESCHAUX.						
J. Aillet....	150	» »	100	» »	50	» »
41. BALLANCIERS.						
Hemonnet de Saint-Martin...	4	» »	»	53 4	»	26 8
42. VOIRRES ET VOIRRIÈRES.						
P. le Grant.	31	4 »	20	16 »	10	8 »
43. MARCHANS ET FOURBISSEURS D'ESPÉES.						
Hennequin de Mesgue......	24	» »	16	» »	8	» »
44. YMAGIERS.						
N. le Tuillier.	9	» »	6	» »	»	60 »
45. FEUTRIERS.						
B. Gaillart..	64	» »	41	4 »	22	16 »
46. PLASTRE CUIT ET CRU.						
Rich. Jumel.	264	» »	168	6 »	95	14 »
47. CHAPELIERS DE FEUTRE.						
Cl. le Fevre.	120	» »	70	» »	50	» »
48. CORDIERS ET FILANDRIERS.						
J. le Cordier.	480	» »	320	» »	160	» »
49. POTIERS D'ESTAIN.						
Estienne de Mont-Rosti....	96	» »	64	» »	32	» »
50. CHAUDERONNIERS.						
J. Aillet....	144	» »	96	» »	48	» »
51. LANTERNES ET SOUFFLEZ.						
J. Dennery..	12	» »	7	» »	»	100 »
52. LE VIe DU VERJUS DE PARIS.						
Rich. Jumel.	112	» »	65	6 8	46	13 4
53. PATINS						
H. l'Alemant.	6	» »	»	32 »	4	8 »

Liv. par. S. D. Liv. par. S. D. Liv. par. S. D.

54, SAVETIERS.

Symon de
Beauvais...... 132 » » 88 » » 44 » »

55 LE VIN DE LA VILLE DE PARIS.

Thomin
Amours, Gilet
Alain, Ph. Gué-
rart, Guil. Gau-
tier, Guil. He-
rice, P. de Ver-
deray, J. de
Courcelles, J.
de Valois, Colin
Duclos et Ger-
vaisot Ober,
pour demi an,
fini le dernier
jour de février
1369; pour le de-
mourant néant
cy, pour ce qu'il
fu ordené..... 34000 » »
que, d'illec en
avant, Françoys
Daunoy, rece-
veur, à Paris,
des aides pour le
fait de la guerre
recevroit..... 17000 » »
et en doit rendre
compte....... » » »
Summa..... » » » » » »11889 2 4

CHAPITRE II.

AUTRE RECEPTE, A CAUSE DES IMPOSICIONS DE 12 D. P. POUR LIVRE ET DES 13es DES VINS, VENDUZ EN GROS ES VILLES DE LA PRÉVOSTÉ, VICONTÉ ET DIOCÈSE DE PARIS, DEPUIS LE 15e JOUR DE MAY 1370 QUE LED. JEHAN LE MIRE FU COMMIS OUD. OFFICE, COMME DIT EST CY DEVANT.

§ 1.

Et premièrement des villes de la prévosté de Paris, pour un an, començant le xviiie *jour d'aoust, l'an* ccclxix, *et féni* xviie *aoust,* ccclxx.

	Liv. par.	S.	D.	Liv. par.	S.	D.	Liv. par.	S.	D.
1. SAINT-MARCEL-LEZ-PARIS.									
J. de la Malière, fermier pour led. an de l'imposicion et vi^e de lad. ville au pris de....	300	»	»						
dont led. J. Gencian est chargié de..........				174	6	8			
pour le demourant.........							125	13	4
2. SAINT-GERMAIN-DES-PREZ.									
J. Bouvier..	135	»	»	90	»	»	45	»	»

---

¹ Voyez plus haut, p. 169 et 192.

	Liv. par.	S.	D.	Liv. par.	S.	D.	Liv. par.	S.	D.
3. VAUGIRART.									
Jehan le Charpentier......	176	»	»	88	»	»	88	»	»
4. YSSI.									
Le même...	360	»	»	72	»	»	288	»	»
5. VANVES.									
Col. Ravine.	400	»	»	200	»	»	200	»	»
6. FONTENAY-LEZ-BAIGNEUX.									
Thib. Vernon.	40	»	»	19	6	8	20	13	4
7. BAIGNEUX.									
J. de l'Ourme.	80	»	»	40	»	»	40	»	»
8. CLAMART.									
Oudin Guilléc	72	»	»	34	»	»	38	»	»
9. MEUDON.									
Rob. Pierre.	120	»	»	51	4	»	68	16	»
10. LE BOURC-LA-ROYNE.									
P. le Fevre.	24	»	»	13	12	»	10	8	»
11. CHASTEILLON.									
Guil. Pizdoé.	13	4	»	4	8	»	8	16	»
12. SEAUX LE GRANT ET LE PETIT.									
J. le Blonc..	18	»	»	10	12	»	7	8	»
13. LE PLAISIÉ-RAOUL.									
Raoulet Vernon.........	20	»	»	20	»	»	»	»	»
14. CHASTENAY.									
Jehan le Bourgoignon......	24	»	»	10	8	»	13	12	»
15 ANTHOIGNY.									
Colin Rat...	24	»	»	12	»	»	12	»	»

	Liv. par.	S. D.	Liv. par.	S. D.	Liv. par.	S. D.
16. VERRIERES.						
P. le Cointe.	13	4 »	8	7 »	4	17 »

Et pour une folle enchiere mise en lad. ferme de Verrières par Goron Pasquier du Bourc-la-Royne, 56 s. p.

	Liv. par.	S. D.	Liv. par.	S. D.	Liv. par.	S. D.
17. MASSY.						
Perrin Boudin.	24	» »	12	» »	12	» »
18. PALOISEL.						
Le même. . .	24	» »	12	» »	12	» »
19. YVRY.						
Pierre de Tournay.	240	» »	115	» »	125	» »
20. VITTRY.						
Oud. de Sens.	38	8 »	»	» »	38	8 »
20 bis. WITTRY.						
George Béeh.	440	» »	141	6 8	298	13 4
20 ter. VITTRY.						
J. Toupet. . .	72	» »	48	» »	24	» »
21. VILLEJUYE.						
P. Tiberge. .	33	12 »	11	4 »	22	8 »
22. THIAIS.						
J. Noel.	312	» »	164	» »	148	» »
23. ORLY.						
J. le Charron.	90	» »	51	8 »	38	12 »
24. VILLENEUVE-LE-ROY.						
J. Chappuis.	40	» »	25	1 4	14	18 8
25. MONS ET ABLON.						
J. le Boucher.	48	» »	28	16 »	19	4 »
26. VISSOURS.						
J. du Bec. . .	14	» »	6	5 4	7	14 8

	Liv. par.	S.	D.	Liv. par.	S.	D.	Liv. par.	S.	D.
27. PARAY.									
P. Bernart..	» 100	»		4	3	4	»	16	8
28. RUNGY.									
J. le Doien..	12	»	»	7	15	»	4	5	»
29. FRESNES-LEZ-RUNGI.									
Colin Rat d'Anthoigny...	4	»	»	»	40	»	»	40	»
30. CHEVILLY ET LAY.									
J. Goudouin.	33	12	»	16	16	»	16	16	»
31. ARCUEIL ET CACHANT.									
Robert de Velly........	90	»	»	20	4	»	69	16	»
32. GENTILLI ET MONTROUGE.									
Jaquet de l'Eaue.......	24	»	»	8	»	»	16	»	»
33. LA VILLE-L'ÉVESQUE.									
Henri des Po-cherons......	6	»	»	»	52	»	»	68	»
34. CHAILLIAU.									
Robin Chau-vin.........	57	12	»	28	16	»	28	16	»
35. AUTUEIL ET PACY.									
Robert le Cointe.......	134	8	»	44	16	»	89	12	»
36. LE MENUZ.									
Symon de Lestre.......	12	»	»	6	»	»	6	»	»
37. VILLIERS-EN-LA-GARENNE.									
Girart de Sa-voye........	15	»	»	7	10	»	7	10	»

	Liv. par.	S. D.	Liv. par.	S. D.	Liv. par.	S. D.
38. CLICHY-EN-LA-GARENNE.						
Le même...	48	» »	24	» »	24	» »
39. SAINT-OUYN.						
J. Maigret de Saint-Denis...	30	» »	15	» »	15	» »
40. MONTMARTRE ET CLIGNENCOURT.						
Guillaume de Versailles.....	60	» »	30	» »	30	» »
41. LA CHAPELLE SAINT-DENYS.						
Lorin Julianne.......	78	4 »	39	2 »	39	2 »
42. LE MESNIL MADAME ROISSE.						
Le même...	18	» »	»	9 »	9	» »
43. MAUREGART ET TOURNEDOS.						
Colin Porete.	40	» »	20	» »	20	» »
44. VILLEPAINTE.						
P. Heliart...	18	» »	7	» »	11	» »
45. TREMBLAY.						
Adam Parquin........	34	16 »	17	8 »	17	8 »
46. COMPANS ET CONDÉ.						
Colin Porete.	16	» »	8	» »	8	» »
47. ESPIAIS.						
J. Coulon...	20	» »	11	12 »	8	8 »
48. AUNOY-LEZ-BONDIS.						
P. Belocier..	16	» »	9	13 4	6	6 8
49. LE PONT DE CHARENTON.						
Pierre de Tournay......	55	» »	27	10 »	27	10 »

RANÇON DU ROI JEAN.

	Liv. par.	S. D.	Liv. par.	S. D.	Liv. par.	S. D.
50. CHARENTON.						
Robert Blanchet........	28	» »	»	» »	28	» »
51. MAISONS ET CHARENTONNEL.						
P. Belocier..	36	» »	24	» »	12	» »
52. SAINT-MOR.						
P. Hemart..	96	» »	43	» »	53	» »
53. CRISTUEIL.						
P. Tiberge..	48	» »	32	» »	16	» »
54. LA VARENNE SAINT-MOR.						
Gilot Flory..	18	» »	9	» »	9	» »
55. NOGENT-SUR-MARNE.						
Guil. Hardi..	88	» »	44	» »	44	» »
56. FONTENAY-LEZ-LE-BOIS.						
Guil. le Fevre.........	40	» »	20	» »	20	» »
57. RONY.						
J. Vincent,.	45	» »	22	10 «	22	10 »
58. BONDIS.						
J. Baudry,.	20	» »	12	» »	8	» »
59. BAUBIGNY.						
P. l'Apostre.	30	» »	15	» »	15	» »
60. NOISY--LE-SEC.						
Berthaut le Mercier......	48	» »	24	» »	24	» »
61. DERENCY ET LES-NOES.						
Jehan de Crespières.......	21	4 »	10	12 »	10	12 »
62. LE BOURGEEL.						
Symon Chappon.........	30	» »	20	» »	10	» »

	Liv. par.	S.	D.	Liv. par.	S.	D.	Liv. par.	S.	D.
63. LA COURT-NEUVE ET CREVECUER.									
Jehan le Cousturier.	60	»	»	37	4	»	22	16	»
64. HAUBERVILLERS.									
J. de la Croix.	50	8	»	29	12	»	20	16	»
65. LA VILLETE SAINT-LADRE.									
J. Roussel. . .	120	»	»	60	»	»	60	»	»
66. PENTIN.									
Denisot Triquot.	94	»	»	60	4	»	33	16	»
67. LES HOSTES DE SAINCT-MERRY A POITRONVILLE.									
J. Noisete. . .	»	20	»	»	»	»	»	20	»
68. ROUMAINVILLE.									
J. le Pelé. . .	18	»	»	12	»	»	6	»	»
69. MONSTEREUL-LEZ-LE-BOIS.									
Ernault le Larron.	128	»	»	57	6	8	70	13	4
70. LES BOYS DE VINCENNES.									
Le même. . .	»	100	»	»	»	»	»	100	»
71. BAIGNOLET.									
Ferry Colichon.	37	8	»	18	14	»	18	14	»
72. CHARRONNE.									
Le même. . .	110	»	»	56	8	8	53	11	4
73. MONCY-LE-VIEZ.									
Symon Beroust.	4	»	»	»	26	8	»	53	4
74. SAINT-VY SOUBZ MONTBELIART.									
Colet Bourgois.	6	»	»	»	26	»	4	14	»

	Liv. par.	S.	D.	Liv. par.	S.	D.	Liv. par.	S.	D.

75. FONTENAY-LEZ-LOUVRES.

	Liv. par.	S.	D.	Liv. par.	S.	D.	Liv. par.	S.	D.
Guillot Anthéaume......	32	»	»	14	13	4	17	6	8

76. ATTAINVILLE.

| J. Vauchot.. | 10 | » | » | 6 | 12 | 8 | » | 67 | 4 |

77. WIERMES.

| Adam Bouchart........ | 56 | » | » | 26 | 13 | 4 | 29 | 6 | 8 |

78. BOUFFEMONT.

| Th. du Luat. | » | 40 | » | » | 20 | » | » | 20 | » |

79. ESENVILLE.

| Jehan de Neuf-Moulin... | 10 | » | » | 6 | 13 | 4 | » | 66 | 8 |

80. VILLIERS-LE-BEL.

| Robert le Cousturier..... | 90 | » | » | 45 | » | » | 45 | » | » |

81. PIERREFRITE.

| J. PetitClerc. | 51 | 4 | » | 13 | 1 | 4 | 38 | 2 | 8 |

82. SAINT-LICIER.

| Guillaume de Chauvenières.. | 12 | » | » | 4 | 8 | » | 7 | 12 | » |

83. DUIGNY.

| Symon Chappon......... | 24 | » | » | 14 | » | » | 10 | » | » |

84. BONUEIL.

| Jehan de la Ruelle....... | 25 | 4 | » | 10 | 8 | » | 14 | 16 | » |

	Liv. par.	S. D.	Liv. par.	S. D.	Liv. par.	S. D.
58. SERCELLES.						
J. Noisete...	130	» »	65	» »	65	» »
86. LE PLAISSIÉ-GASSOT.						
J. Duval de Tiessonville...	12	» »	8	» »	4	» »
87. MONCY-LE-NEUF.						
Oudin Janvier.........	20	» »	9 18	»	10	2 »
88. FERROLLES.						
J. le Charron.	8	» »	»	» »	8	⁊ »
89. LES BOIS DE LA PRÉVOSTÉ DE PARIS.						
P. le Cointe.	» 10	ʋ	»	» »	» 10	»
90. LES BOIS QUE L'EN VENT A SAINT-CLOUST, APPELEZ LES BOIS DE ROUVRAY.						
Nicolas le Cauchois......	» 40	»	»	» »	» 40	»
Summa.....	»	» »	»	» »	3027	5 8

§ 2.

Les villes venans à Gonnesse, pour un an, commençant le second jour de septembre CCCLXIX.

	Liv. par.	S. D.	Liv. par.	S. D.	Liv. par.	S. D.
1. GONNESSE.						
Gile de Roye.	90	» »	26 13	4	63	6 8
1 bis. GONNESSE.						
Le même...	176	» »	58 13	4	117	6 8
2. STAINS.						
P. Flastre...	38	8 »	19	4 »	19	4 »

	Liv. par.	S. D.	Liv. par.	S. D.	Liv. par.	S. D.
3. MARLY-LA-VILLE.						
Robin Poéte.	45	» »	27 10	»	17 10	»
4 VILLERON.						
P. de Ville-croix........	21	» »	»	» »	21	» »
5. ERMENONVILLE.						
Robin Gar-nier..........	12	» »	6	» »	6	» »
6. VEMARS.						
J. Jameline..	36	» »	14 10	»	21 10	»
7. CHENEVIÈRES.						
Colin Porcte.	22	» »	13 16	»	8	4 »
8. ROISSY.						
Guillot Caille-bert........	150	» »	80	7 4	69	12 8
9. GOUSSAINVILLE.						
J. Bourgois..	72	» »	28	5 4	43	14 8
10. VILLIERS-LE-SEC.						
Guillot Cho-pin.........	10	» »	» 100	»	» 100	»
11. MARUEIL.						
J. Blarrie...	10	» »	6 13	4	» 66	8
12. CHAMPLASTREUX.						
Oudart Fou-cher........	6	» »	4	» »	» 40	»
13. LOUVRES.						
Guillot Cho-pin.........	165	» »	77 10	»	87 10	»

	Liv. par.	S.	D.	Liv. par.	S.	D.	Liv. par.	S.	D.

14. GARGES.

Th. le Char-
pentier...... 44 16 » 16 4 » 28 12 »

15. JANGNY.

J. Blarie.... 16 » » 10 13 4 » 106 8

16. CHASTENAY.

J. le Maçon. 75 » » 50 » » 25 » »

17. LE PLAISSIÉ-SOUBZ-LUZARCHES.

Perrin Pheli-
part......... 9 12 » 6 8 » » 64 »

18. BELLE-FONTAINE.

Cl. le Messier. 7 10 » » 100 » » 50 »

19. LASSY.

J. le Mire de
Jangny....... 10 » » 6 13 4 » 66 8

20. FOSSES.

Perrin de
Fresnes...... » 102 » » 51 » » 51 »

Summa.... » » » » » » 542 8 »

§ 3.

*La chastellenie de Luzarches, pour l'an commençant le
second jour de septembre* CCCLXIX.

1. LUZARCHES.

Est. Morise. 180 » » 105 18 » 74 2 »

2. CHAUMONTEL ET COYE.

Guiot Fusée. 6 » » » 30 » 4 10 »

Summa.... » » » » » » 78 12 »

§ 4.

La chastellenie de Montmorency, pour un an, cominen-
çant le IIIe jour de septembre CCCLXIX.

	Liv. par.	S. D.	Liv. par.	S. D.	Liv. par.	S. D.
1. MONTMORENCY.						
Girart Billon.	300	» »	136	13 4	163	6 8
2. GROSLOY.						
Raoul de Saint-Denis....	44	» »	21	7 8	22	12 4
3. SAINT-BRICE.						
J. du Plessié.	78	» »	39	» »	39	» »
4. ESCOUEN ET NEUF-MOULIN.						
Guillaume de Beauvès......	16	» »	10	13 4	» 106	8
5. BONCONVAL ET TIESSONVILLE.						
J. du Val...	16	» »	10	13 4	» 106	8
6. PUISIEUX.						
Oudin le Suer.	» 40	»	» 26	8	» 13	4
7. VILLAINES.						
Huguelin Feret dit Drouet..	40	» »	16	» »	24	» »
8. PISSECOQ.						
Guillaume de Beauvès......	6	» »	» 40	»	4	» »
9. DOMONT.						
Jehan de Bruyères......	8	» »	» 42	8	» 117	4

	Liv. par.	S.	D.	Liv. par.	S.	D.	Liv. par.	S.	D.
10. MOISSELLES.									
J. du Plessié.	16	»	»	10	13	4	» 106	8	
11. MAFFLIERS.									
Oudin Pouc.	31	»	»	15	10	»	15	10	»
12. CHAUVRY, SOCOURT ET BETREMONT.									
Guil. l'Abbé.	13	»	»	»	56	6	10	3	6
13. SAINT-LEU-LEZ-TAVERNY.									
J. Gaude...	129	»	»	48	16	»	80	4	»
14. TAVERNY.									
Guillot le Bre-ton,.........	100	»	»	49	19	»	50	» 12	
15. LE PLESSIÉ-BOUCHARD.									
Girart Pen-nevaire......	36	»	»	18	»	»	18	»	»

Et pour une fole enchière mise, par Guillaume de Gournay, en lad. ferme 48 s. p.

	Liv. par.	S.	D.	Liv. par.	S.	D.	Liv. par.	S.	D.
16. ERMON ET CERNAY.									
Guillaume de Gournay......	20	16	»	»	»	»	20	16	»
17. FRANCONVILLE.									
J. Rame....	72	»	»	29	9	6	42	10	6

Et pour une folle enchière mise sur lad. ferme par Pierre Tiberge 6 l. p. dont led. Gencien a reçu 60 s. p pour le demourant 60 s. p.

	Liv. par.	S.	D.	Liv. par.	S.	D.	Liv. par.	S.	D.
18. TOUR ET MONLIGNON.									
J. Gaude....	45	»	»	15	»	»	30	»	»
19. ANDELI ET MERGENCY.									
J. de Villiers.	8	»	»	»	»	»	8	»	»

	Liv. par.	S.	D.	Liv. par.	S.	D.	Liv. par.	S.	D.
20. EAUE-BONNE.									
Jehan de Crespières........	6	»	»	»	60	»	»	60	»
21. SOISY-SOUBZ-MONTMORENCY.									
Raoul de Saint-Denis....	16	»	»	8	»	»	8	»	»
22. DUEIL.									
J. le Boucher.	16	»	»	8	»	»	8	»	»
23. MONTMAIGNIE.									
J. Boutefeue.	30	»	»	11	9	8	18	10	4
24. VILLETEIGNEUSE.									
Symon des Ousches......	8	»	»	4	»	»	4	»	»
25. ÉSPINUEIL.									
J. Petit Clerc.	20	»	»	6	13	4	13	6	8
26. SAINT-GRACIEN.									
Guillaume de Gournay......	16	»	»	»	»	»	»	16	»
27. L'ISLE SAINT-DENYS.									
N. le Tuillier.	17	»	»	8	10	»	8	10	»
28. LE MESNIL-AUBERY.									
J. du Plessis.	45	»	»	22	10	»	22	10	»
29. BELLOY.									
Huguenin Feret..........	20	»	»	7	6	8	12	13	4
30. L'IMPOSICION DES BOIS DE LAD. CHASTELLENIE DE MONTMORENCY.									
J. de la Fontaine........	22	8	»	»	74	8	18	13	4
Summa.....	»	»	»	»	»	»	666	10	»

§ 5 [1].

SAINT-DENIS. — *Les mestiers et marchandises de lad. ville baillées, par branches, par la manière qui cy après s'ensuit, pour un an, commençant le* IIIIe *jour de septembre* CCCLXIX.

	Liv. par.	S. D.	Liv. par.	S. D.	Liv. par.	S. D.
1. L'IMPOSICION DU BLÉ ET TOUT GRAIN.						
Robin le Pelé.	150	» »	100	» »	50	» »
2. LE VIe DENIER DU VIN VENDU EN GROS.						
J. Bignefer. .	100	» »	50	» »	50	» »
3. POISSON DE MER ET D'EAUE DOUCE.						
Guillaume le Bourgoignon...	83	4 »	55	9 4	27	14 8
4. LA BOUCHERIE, SUIF ET GRESSES.						
Jaquemart du Croq.........	72	» »	23	» »	49	» »
5. DRAPS EN GROS ET A DÉTAIL.						
J. Bignefer..	144	» »	88	» »	56	» »
6. LINGERIE, FERPERIE ET PELLETERIE.						
Conrat Lanquetin.......	187	10 »	93	15 »	93	15 »
7. BUSCHE, CHARBON, TONNEAUX WIZ ET APPARTENANCES.						
J. Bordel...	45	» »	26	10 »	18	10 »
8 LAINES ET AIGNELINS.						
J. Hasterel..	66	» »	22	» »	44	» »
9. FILE DE LAINE.						
Le même...	44	» »	22	» »	22	» »

[1] V. y. le § 27.

	Liv. par.	S.	D.	Liv. par.	S.	D.	Liv. par.	S.	D.

10. SELLIERS ET BOURRELIERS.

| Guillaume le Bourgoignon... | 80 | » | » | 40 | » | » | 40 | » | » |

11. TAPPIZ ET AUTRES CHOSES OUVRÉES DE LAINES.

| J. Bordel... | 54 | » | » | 27 | » | » | 27 | » | » |

12. HUILLE, REGRATERIE, EGRUN, OEUFS, FROMAGES ET POULAILLERIE.

| J. le Fevre.. | 84 | » | » | 42 | » | » | 42 | » | » |

13. FER, ACIER ET APPARTENANCES.

| J. Hasterel.. | 39 | 12 | » | 6 | » | » | 33 | 12 | » |

14. CHEVAUX, JUMENS ET APPARTENANCES.

| N. le Tuillier. | » | 20 | » | » | » | » | » | 20 | » |

15. CORDOUEN, BASANNE ET APPARTENANCES.

| Le même... | 128 | » | » | 72 | 13 | 4 | 55 | 6 | 8 |

16. L'IMPOSICIONS DES SAVETIERS.

| Symon de Beauvais...... | 6 | » | » | » | 40 | » | 4 | » | » |
| Summa.... | » | » | » | » | » | » | 607 | 5 | 4 |

§ 6.

Ville venans à Villeneuve-Saint-George, pour un an, commençant le VIe *jour de septembre* CCCLXIX.

1. BONUEIL.

| P. Tiberge.. | 6 | » | » | 60 | » | » | 60 | » | » |

2. BOISSY SAINT-LIGIER.

| P. le Noir... | 18 | » | » | » | 110 | » | 12 | 10 | » |

3. SUCY ET NOISIEL.

| P. Tiberge.. | 67 | 4 | » | 11 | 4 | » | 56 | » | » |

4. CHENEVIÈRES-SUR-MARNE.

| Jaquet Chenart......... | 64 | » | » | 31 | 8 | 4 | 32 | 11 | 8 |

	Liv. par.	S. D.	Liv. par.	S. D.	Liv. par.	S. D.

5. AMBOUELLE.

P. Tiberge..	70 » »	10 » »	60 » »

6. PONTAUX, PONTILLAUX ET BERCHIÈRES.

Le même...	9 12 »	» 32 »	8 » »

7. LA QUEUE-EN-BRYE.

Le même...	9 12 »	» 64 »	6 8 »

8. BOISSY-EN-BRIE.

Denisot Morin..........	40 » »	20 » »	20 » »

9. OUROER.

P Tiberge..	6 » »	» 60 »	» 60 »

10. VILLEMENON.

J. Mordroit.	» 40 »	» » »	» 40 »

11. SENTENY.

J. Riant....	22 8 »	11 4 »	11 4 »

12. GROSBOIS.

Berthaut Girart..........	» 36 »	» 18 »	» 18 »

13. LIMEIL.

Jehannin Courtoys......	9 » »	4 10 »	4 10 »

14. BEVRANNES.

Colin Viant..	10 » »	» 100 »	» 100 »

15. VALENTON.

J. de Gragy.	20 » »	10 » »	10 » »

16. LISIGNY.

J. le Charron.	» 100 »	» » »	» 100 »

17. VILLENEUVE-SAINT-GEORGES.

Guil. Lorillat.	16 » »	7 9 4	8 10 8

	Liv. par.	S. D.	Liv. par.	S. D.	Liv. par.	S. D.

17 bis. VILLENEUVE SAINT-GEORGE.

	Liv. par.	S. D.	Liv. par.	S. D.	Liv. par.	S. D.
Colin Bedouin.......	48	» »	22	8 »	25	12 »
Summa.....	»	» »	»	» »	198	4 4

§ 7.

Villes venans à Chielle, pour un an, commençant le
VIIe jour de septembre CCCLXIX.

1. VILLEMOMBLE.

	Liv. par.	S. D.	Liv. par.	S. D.	Liv. par.	S. D.
J. Roussel...	»	40 »	»	» »	»	40 »

2. POMPONNE.

	Liv. par.	S. D.	Liv. par.	S. D.	Liv. par.	S. D.
Wyart le Carme.......	16	16 »	11	4 »	»	112 »

3. NEUILLY-SUR-MARNE.

	Liv. par.	S. D.	Liv. par.	S. D.	Liv. par.	S. D.
Jaquet Prévost...... ...	20	» »	11	12 »	8	8 »

4. VILLENEUVE-AUS-ASNES.

	Liv. par.	S. D.	Liv. par.	S. D.	Liv. par.	S. D.
Huguelin de Carrouge......	»	40 »	»	19 4	»	20 8

5. ANET.

	Liv. par.	S. D.	Liv. par.	S. D.	Liv. par.	S. D.
Wyart le Carme.......	43	4 »	12	6 10	30	17 2

6. FRESNES-LEZ-ANET.

	Liv. par.	S. D.	Liv. par.	S. D.	Liv. par.	S. D.
Le même...	6	» »	»	» »	6	» »

7. GAIGNY.

	Liv. par.	S. D.	Liv. par.	S. D.	Liv. par.	S. D.
J. Benoist...	12	» »	6	» »	6	» »

8. FERRIÉRES.

	Liv. par.	S. D.	Liv. par.	S. D.	Liv. par.	S. D.
Aubelet Trotin..........	27	» »	13	10 »	13	10 »

	Liv. par.	S.	D.	Liv. par.	S.	D.	Liv. par.	S.	D.
9. DAMPMART.									
Colin Gilet..	129	»	»	64	10	»	64	10	»
10. MONTFERMAIL.									
Guillemin Thibaut......	36	»	»	»	112	»	30	8	»
11. CHARNY.									
Wyart le Carme.......	28	16	»	»	112	»	23	4	»
12. YVERNY.									
Anceau le Boucher......	6	»	»	»	60	»	»	60	»
13. CAMBERON.									
J. du Four..	4	8	»	»	44	»	»	44	»
14. JAUSSIGNY.									
J. Fillon....	6	»	»	»	60	»	»	60	»
15. SEVREN.									
Adam Fourre..........	»	40	»	»	20	»	»	20	»
16. NOISIEL-SUR-MARNE.									
J. Colette...	26	8	»	13	4	»	13	4	»
17. NOISY ET BRY.									
P. Maingot..	130	»	»	51	4	»	78	16	»
18. CHAMPIGNY.									
J. le Fournier.........	72	»	»	24	»	»	48	»	»
19. CROISSY.									
J. Godart...	12	»	»	4	»	»	8	»	»
20. VILLIERS-SUR-MARNE.									
P. Hemart..	50	8	»	16	16	»	33	12	»

	Liv. par.	S. D.	Liv. par.	S. D.	Liv. par.	S. D.
21. CLICHY-EN-LAUNOY.						
Colin le Cauchois........	» 20	»	» 20	»	»	» »
22. PARTIE DE COLLEGIEN.						
P. le Bout..	4	» »	» 16	»	» 64	»
23. LYVRY-EN-LAUNOY.						
J. Gancille..	» 60	»	» »	»	» 60	»
24. CHIELLE.						
Guillaume de Marly.......	30	» »	15	» »	15	» »
24 *bis.* CHIELLE.						
J. Eurouin..	105	» »	52 12	»	52	8 »
25. L'IMPOSICION DES BOYS DE LIVRY-EN-LAUNOY.						
Adam Fourre..........	30	» »	15	» »	15	» »
Summa.....	»	» »	»	» »	470 17	10

§ 8.

Villes venans à Saint-Cloust, pour un an, commençant le xvie *jour de septembre* CCCLXIX.

	Liv. par.	S. D.	Liv. par.	S. D.	Liv. par.	S. D.
1. SAINT-CLOUST.						
Jehan Potier.	88	» »	44	» »	44	» »
1 *bis.* SAINT-CLOUST.						
Serot de Lisle.	50	» »	25	» »	25	» »
2. SEVRE.						
P. le Boucher........	32	» »	13 17	4	18	2 8

	Liv. par. S. D.	Liv. par. S. D.	Liv. par. S. D.
3. VILLE-DAVRAIN.			
J. Girart....	» 32 »	» 10 8	» 21 4
4. RUEIL.			
J. Menart de Villepereur....	20 » »	10 » »	10 » »
5. MARLY-LE-CHASTEL.			
Robert le Cointe.......	55 » »	25 6 4	29 13 8
6. LOUVECIENNES.			
Robin Marescot.........	27 » »	13 10 »	13 10 »
7. BOUGIVAL.			
Aubelet de la Loge........	44 » »	22 » »	22 » »
8. LASSELLES.			
Huguelin de Mucidant.....	4 » »	» 40 »	» 40 »
9. NANTERRE.			
Jacques des Essars.......	107 » »	53 10 »	53 10 »
10. AU PEC.			
Jacquet Aubert.........	8 » »	4 » »	4 » »
11. SAINT-GERMAIN-EN-LAYE.			
Guil. Friquet.	100 » »	50 » »	50 » »
12. TRIANON.			
P. le Mareschal........	» 10 »	» » »	» 10 »
13. DAILLY.			
Giles de Soissons........	» 15 »	» 10 »	» 5 »

	Liv. par. S. D.	Liv. par. S. D.	Liv. par. S. D.
14. NOISY-LEZ-BAILLI.			
P. le Mareschal.........	» 10 »	» » »	» 10 »
15. VERSAILLES			
Guillaume le Bourgoignon...	4 » »	» 40 »	» 40 »
16. SURESNE ET PUTIAUX.			
J. Potier....	160 » »	78 18 8	81 1 4
17. VAUCRESSON ET LE MARCHÉ.			
Est. le Serf..	» 20 »	» 6 8	» 13 4
18. CHESNOY ET ROQUENCOURT.			
J. de Rotengy.......	» 40 »	» 20 »	» 20 »
Summa....	» » »	» » »	358 17 4

§ 9.

LA CHASTELLENIE DE CORBUEIL, *pour un an, commençant le* XVIIe *jour de septembre* CCCLXIX.

	Liv. par. S. D.	Liv. par. S. D.	Liv. par. S. D.
1. ATTILLY.			
J. Giraume.	7 » »	4 13 4	» 46 8
2. CHEVRY.			
Gilet de Ruisseaux.......	7 » »	» 70 »	» 70 »
3. COSSIGNY.			
Jaquet le Barbier........	4 10 »	» 45 »	» 45 »
4. GRISY.			
J. le Minagier.	50 » »	25 » »	25 » »

	Liv. par.	S.	D.	Liv. par.	S.	D.	Liv. par.	S.	D.
5. COMBERT.									
P. de l'Ospital..........	24	»	»	12	»	»	12	»	»
6. LIVARDIS.									
Jaquet d'Ardillières.....	4	15	»	»	»	»	4	15	»
7. ATTIOLLES.									
Aubery de Morisel......	33	»	»	11	»	»	22	»	»
8. SOISY-SUR-SAINE.									
Guil. Pelet..	60	»	»	20	»	»	40	»	»
9. YERRE.									
J. le Minagier.	18	»	»	6	»	»	12	»	»
10. ESPINUEIL.									
Jaquet le Barbier........	9	»	»	4	10	»	4	10	E
11. BOUSSY ET PERRIGNY.									
Le même...	15	»	»	7	10	»	7	10	»
12. MENDRES.									
J. de Gragy.	80	»	»	40	»	»	40	»	»
13. VILLECRENNE ET SERCÉ.									
P. Erraut...	60	»	»	30	»	»	30	»	»
14. OURMOY ET VILLE-ABBÉ.									
J. Sextier...	27	»	»	»	»	»	27	»	»
15. MENNECY.									
J. Giraume..	30	»	»	15	»	»	15	»	»
16. VILLEROY.									
J. le Fevre..	4	12	»	»	46	»	»	46	»
17. FONTENAY-LE-VICONTE.									
P. de Saint-Aubin.......	30	»	»	9	»	»	21	»	»

RANÇON DU ROI JEAN.

	Liv. par.	S.	D.	Liv. par.	S.	D.	Liv. par.	S.	D.
18. ÉCHARCON ET BRASSEUX.									
Guil. Brulé..	27	4	»	13	12	»	13	12	»
19. CHEVENNES.									
J. Giraume..	7	10	»	»	7	»	»	7	»
20. CHANCUEILLE.									
J. le Fevre..	32	»	»	8	6	8	23	13	4
21. SOIGNOLLES.									
P. de l'Ospital.........	18	»	»	9	»	»	9	»	»
22. ÉVRY-SUR-SAINE.									
Guil. Pelet..	26	8	»	8	16	»	17	12	»
23. GRAGY.									
Germ. Chantelou le jeune.	35	»	»	17	10	»	17	10	»
24. MOISSY-L'ÉVESQUE.									
Charlot Bernart.........	15	»	»	»	100	»	10	»	»
25. PARAY ET VILLEDEDON.									
J. le Fevre..	17	12	»	4	»	»	13	12	»
25. MORSANT.									
J. Giraume..	12	»	»	4	»	»	8	»	»
27. SAINTRY.									
Robin du Four........	26	»	»	13	3	4	12	16	8
28. MAROLLES.									
J. Moreau..	4	»	»	»	53	4	»	26	8
29. CERVON.									
J. le Tondeur.	20	»	»	6	13	4	13	6	8
30. VARENNES ET JARSIS.									
Jaquet le Barbier.........	16	»	»	8	»	»	8	»	»

	Liv. par.	S.	D.	Liv. par.	S.	D.	Liv. par.	S.	D.

31. COMBS-LA-VILLE.

Jaquet le Bourserot..... 100 » » 43 16 8 56 3 4

32. LIEUSAINT.

Bernart Gaillart......... 20 » » 10 » » 10 » »

33. BONDOUFFLE ET FLEURY.

Colin Ditteville........ 4 10 » » 45 » » 45 »

34. ORENGY ET LE-PLESSIÉ-LE-CONTE.

Guil. Bertin. » 20 » » 10 » » 10 »

35. RIS ET LA-BORDE.

J. le Conte.. 18 » » » 60 » 15 » »

36. LICES ET COURCORONNE.

P. Evrart... 12 » » » 112 » 6 8 »

37. BALENCOURT.

Guillot Carroust........ 19 4 » » 64 » 16 » »

38. MONDEVILLE.

J. Sextier... » 30 » » » » » 30 »

39. AUVERGNAUX ET PORTES.

Philippot le Barbier...... 6 » » » 60 » » 60 »

40. SAINT-FERGEL.

J. Giraume.. 24 » » 4 » » 20 » »

41. GRIGNY.

J. de Montlehery........ 12 » » 6 » » 6 » »

42. VIRY ET CHASTEILLON.

J. le Bergier. 28 » » 14 » » 14 » »

	Liv. par.	S.	D.	Liv. par.	S.	D.	Liv. par.	S.	D.
42. MONCEAUX ET COUDROY.									
Aubery de Morisel......	6	»	»	»	40	»	4	»	»
43. VIGNEUF.									
J. Petit.....	6	»	»	»	60	»	»	60	»
44. CROSNE.									
Jehannin la Mairesse.....	9	»	»	4	10	»	4	10	»
45. DRAVEL.									
J. Manecier.	32	»	»	15	12	»	16	8	»
46. BRUNAY.									
Jaquet le Barbier.........	24	»	»	12	»	»	12	»	»
47. MONTGISON.									
J. Bruneau..	42	»	»	18	10	»	23	10	»
48. LOURMOYE.									
J. Sextier...	»	70	»	»	16	»	»	54	»
49. ÉVRY-EN-BRIE.									
Pierre de l'Ospital........	54	»	»	27	»	»	27	»	»
50. YCTEVILLE.									
Guil. Pelet..	24	»	»	4	»	»	20	»	»
51. CORBUEIL.									
J. Sextier...	200	»	»	66	13	4	133	6	8
51 bis. CORBUEIL.									
J. Caillier...	510	»	»	153	»	»	357	»	»
51 ter. CORBUEIL.									
J. Sextier...	465	»	»	197	5	4	267	14	8
52. L'IMPOSICION DES BOIS DE LADICTE CHASTELLENIE DE CORBUEIL.									
P. Errart...	45	»	»	15	»	»	30	»	»
Summa.....	»	»	»	»	»	»	1475	6	8

§ 10.

LA CHASTELLENIE DE MONTJAY, *pour un an, commençant le* XVIII*ᵉ jour de septembre* M.CCCLXIX.

	Liv. par. S. D.	Liv. par. S. D.	Liv. par. S. D.
1. MONTJAY.			
Est. le Barbier.........	28 16 »	14 8 »	14 8 »
2. CHAILLIFER.			
Giles de Roteleu........	36 » »	12 » »	24 » »
3. VAUJOUST.			
Adam Fourré...........	6 » »	» 60 »	» 60 »
4. COURTERY.			
Guillot Erart.	15 » »	7 10 »	7 10 »
5. TORIGNY ET FOURNIAUX.			
Drouet Gilet.	48 » »	24 » »	24 » »
6. VILLEROY.			
Guillot Paillart.........	9 18 »	4 » 12	» 117 »
7. JABLINES.			
Guil. le Conte.	25 » »	12 10 »	» 12 10
8. VILLEPARISIE.			
Pierre aus Chevaux.....	4 » »	» 13 4	» 66 8
9. MESSY.			
Perrin aus Chevaux.....	40 » »	13 1 4	26 18 8
10. HÉMERY.			
P. Baudouin.	» 24 »	» 16 »	» 8 «

	Liv. par.	S. D.	Liv. par.	S. D.	Liv. par.	S. D.
11. COMBEAUX.						
Lyenard de Landres......	» 36	»	»	» »	» 36	»
12. PRÉCY.						
Jehan Robert l'ainsné.......	68	» »	34	» »	34	» »
13. LEPIN.						
Adam de Vil-le-Abbé......	31	4 »	10	8 »	20 16	»
14. BUCY-SAINT-GEORGE						
Guillaume le Moine........	13 12	»	4	9 »	9	3 »
15. PARTIE DE COLLÉGIEN.						
P. le Bouc..	» 48	»	» 24	»	» 24	»
16. BEAUBOURG.						
Perrin Bau-doin........	» 24	»	» 12	»	» 12	»
17. VAIRES.						
J. Eurouin..	6	» »	4	» »	40	» »
18. CLOYE.						
J. Houdouin.	18	» »	8	8 »	9 12	»
19. LES BOYS DE LADICTE CHASTELLENIE DE MONTJAY.						
Adam Four-ré..........	10	» »	» 100	»	» 100	»
Summa.....	»	» »	»	» »	206	1 4

§ 11.

Villes venans à Argentueil, pour un an, commençant le XXIIe jour de septembre CCCLXIX.

	Liv. par.	S.	D.	Liv. par.	S.	D.	Liv. par.	S.	D.
1. GENNEVILLIER.									
Denys Durant.........	60	»	»	20	»	»	40	»	»
2. ASNIÈRES.									
Noel de la Ruelle.......	24	»	»	12	»	»	12	»	»
3. COULOMBES.									
Le même...	44	»	»	22	»	»	22	»	»
4. BESONS.									
J. Dymare..	7	»	»	»	23	4	»	116	8
5. HOULLES.									
J. Maillart..	24	»	»	12	»	»	12	»	»
6. ARGENTUEIL.									
J. Delamare.	300	»	»	150	»	»	150	»	»
6 bis. ARGENTUEIL.									
J. Dymare..	116	»	»	38	13	4	77	6	8
7. LA QUARRIÈRE SAINT-DENYS.									
Huc Rose...	24	»	»	12	»	»	12	»	»
8. SENTNOIX.									
Rich. le Roy.	16	»	»	8	»	»	8	»	»
9. MONTESSON.									
P. du Bois..	44	»	»	22	»	»	22	»	»
10. CHATOU ET CROISSY.									
Gieffroy Chuquel........	64	»	»	32	»	»	32	»	»

RANÇON DU ROI JEAN.

	Liv. par.	S. D.	Liv. par.	S. D.	Liv. par.	S. D
11. SARTROUVILLE.						
J. Raine....	50	» »	24	13 4	25	6 8
12. CONFLANS.						
J. le Preuz..	92	8 »	31	4 »	61	4 »
13. ERBLOY.						
J. de la Viez-Rue........	128	» »	56	» »	72	» »
14. CORMEILLES, LA FERTÉ, LE PORT ET LE CHAMP AU PLASTRE.						
Guillaume le Boucher.....	140	» »	57	1 4	82	19 8
15. CORMEILLES.						
J. Dymare..	40	» »	20	» »	20	» »
16. LES HOSTES DE CHAPITRE A ANDRESI ET JOUY.						
P. d'Ancry..	325	» »	81	6 »	243	14 »
Summa.....	»	» »	»	» »	898	6 8

§ 12.

Villes venans à Néaufle-les-Viez, pour un an, commençant le second jour d'octobre CCCLXIX.

1. ELLENCOURT ET LAUNOY.

Néant, pour ce que nul ne le mist à prix.

2. MAIGNY ET LES HAMEAUX.

Jehan Bonin.	»	40 »	»	» »	»	40 »
3. PONGNIS.						
Guillot Calain........	»	20 »	»	3 4	»	16 8
4. BONNELLE.						
Guiot le Pelletier.......	»	100 »	»	50 »	»	50 »

	Liv. par. S. D.	Liv. par. S. D.	Liv. par. S. D.

5. LASSELLE-EMPRES-ROCHEFORT.

	Liv. par. S. D.	Liv. par. S. D.	Liv. par. S. D.
Le même...	» 45 »	» 22 6	» 22 6

6. VILLEPEREUX.

Le même...	7 » »	» 70 »	» 70 »

7. AUFERGIS.

J. de Soisy.	» 5 »	» » »	» 5 »

8. SAINCTE-JAXE.

J. Ernaut...	» 16 »	» 8 »	» 8 »

9. NEAUFLE-LES-VIEZ.

Jehan Honnigneul......	16 » »	10 13 4	» 106 8

10. LES HOSTES DU PRIEUR DE SAINT-MAGLOIRE AUS ESSARTS-LE-ROY ET SAINCT NOM DE LOUIS.

J. de Soisy..	» 24 »	» 12 »	» 12 »

11. LES HOSTES DU PRIEUR D'ESPERNON, LE BOURC SAINCT-THOMAS ET PARTIE DE CHERMERAY.

Guillot Calain.........	12 » »	4 » »	8 » »

12. LES HOSTES DU PRIEUR DE SAINT-MAGLOIRE A GUIPERREUX.

Le même...	» 5 »	» » 10	» 4 2

13. LES HOSTES DU PRIEUR DE BASAINVILLE, TANCONNIÈRES ET BACONCELLES.

Robin l'Oysel et Symon le Brebiel.........	» 40 »	» 13 4	» 26 8

14. LES HOSTES DU PRIEUR DE SAINT-MAGLOIRE, MERY, LE MESNIL-LUATE, GROS-ROUVRE ET PARTIE DE MARUEIL SOUBZ MONTFORT.

J. de Soisy..	» 20 »	» » »	» 20 ·

15. TRAPPES.

Le même...	16 » »	8 » »	8 »

	Liv. par.	S.	D.	Liv. par.	S.	D.	Liv. par.	S.	D.
16. LE MESNIL SAINT-DENYS, SAINT-FARGEL, MAINCOURT ET LES LAIZ.									
Guiot le Pelletier........	8	12	»	»	69	10	»	102	2
17. SENLICES, DAMPIERRE ET CERNAY.									
Le même...	13	»	»	4	6	»	8	13	4
18. LES BOIS DE TRAPPES ET DE VALENCES.									
J. de Soisy..	»	40	»	»	20	»	»	20	»
Summa....	»	»	»	»	»	»	49	17	2

§ 13.

Villes venans à Meaulx, pour un an, commençant le IIIIe jour d'octobre l'an mil CCCLXIX.

	Liv. par.	S.	D.	Liv. par.	S.	D.	Liv. par.	S.	D.
1. VILLEMARUEIL.									
P. Piedequin.	66	»	»	33	»	»	33	»	»
2. ESTREPILLY.									
J. Rose.....	10	»	»	»	»	»	10	»	»
3. GERMIGNY-L'ÉVESQUE.									
Symon Batl'Eaue........	12	»	»	4	»	»	8	»	»
4. VARÈDES.									
Le même...	40	»	»	13	6	8	26	13	4
5. GENGNES ET LE-PORT.									
Sym. Caoursin..........	4	10	»	»	44	»	»	46	»
6. ARMENTIÈRES.									
J. de Gengnes........	4	»	»	»	40	»	»	40	»
7. SAINCTE-HAUDE ET PARTIE DE VAULX									
Hennequin de Vaulx......	20	»	»	10	»	»	10	»	»

	Liv. par.	S. D.	Liv. par.	S. D.	Liv. par.	S. D.

8. LA FERTÉ-SOUBZ-JOIRRE.

| Guillaume Courtoys..... | 90 | » » | 30 | » » | 60 | » » |

9. ÉPLY.

| Gilet de Roteleu........ | » 40 | » | » 13 | 4 | » 26 | 8 |

10. TANCRO ET GRANT-CHAMP.

| Sym. Caoursin.......... | 18 | » » | 9 | » » | 9 | » » |

11. MERRY ET BEAUVEOIR.

| J. de Gengnes......... | » 60 | » | » 30 | » | » 30 | » |

12. CREGY.

| Philippot Fromont........ | 15 | » » | 4 10 | » | 10 10 | » |

13. TRESMES ET SABLONNIÈRES.

| Guillaume Courtoys..... | 4 | » » | » 20 | » | » 60 | » |

14. ANQUERRE, LORY ET CORDELY.

| Regnault Froissart..... | 6 | 6 » | » 63 | » | » 63 | » |

15. MONTIGNY-EMPRÈS-LESCHES.

| Gilet de Roteleu........ | » 10 | » | » 3 | 4 | » 6 | 8 |

16. CRONY.

| J. Bouteille. | 4 | » » | » 40 | » | » 40 | » |

17. GERMIGNY-LEZ-GANDELUZ.

| J. de Gengnes......... | 6 | » » | » 60 | » | » 60 | » |

18. PAVANT.

| J. Patu..... | 4 | » » | » | » » | 4 | » » |

RANÇON DU ROI JEAN.

	Liv. par. S. D.	Liv. par. S. D.	Liv. par. S. D.
19. CHANGY ET PARTIE D'UXI.			
Raoul le Cordoennier.....	12 » »	4 » »	8 » »
20. SAINT-GOBERT ET MONTION.			
Adam Arondelle........	6 » »	» 60 »	» 60 »
21. POINCY.			
P. Quarré..	10 » »	» 66 8	6 13 4
22. L'AISTRE DE COULLY.			
P. le Munier.	8 » »	» 53 4	» 106 8
23. L'OSTEL SAINT-GERMAIN-LEZ-COULLY.			
Gilet de Roteleu........	» 36 »	» 6 »	» 30 »
24. RUEIL.			
Guillaume Courtoys.....	4 » »	» 20 »	» 60 »
25. CONCHEREL.			
J. Chandelier.	» 50 »	» 25 »	» 25 »
26. LUSENCY.			
Denys Bousier........	4 4 »	» 42 »	» 42 »
27. COUPEVREZ.			
Gilet de Roteleu........	19 4 »	9 8 »	9 16 »
28. VILLENEUVE-SAINT-DENYS.			
Bernart le Bidaut........	» 50 »	» 16 8	» 33 4
29. VILLIERS-SUR-MORAIN.			
Thevenin Souvin......	30 » »	15 » »	15 » »

	Liv. par.	S. D.	Liv. par.	S. D.	Liv. par.	S. D.
30. MONTERY.						
Gilet de Ro-teleu.........	16	» »	8	» »	8	» »
31. MAISONCELLES.						
Symon Sou-vin.........	15	» »	7 10	»	7 10	»
32. LA-SELLE-EN-BRIE ET ROMAINVILLIERS.						
J. Jacob...	26 8	»	13 4	»	13 4	»
33. CHOISY-EN-BRIE, VILLIERS, TEMPLUM ET CORBON.						
André Piot..	20	» »	10	» »	10	» »
34. JOUY-SUR-MORAIN.						
Denysot le Houllier......	18	» »	9	» »	9	» »
35. DUCIÈRES ET CHITRY.						
Regnaut le Camus........	24	» »	11 12	»	12 8	»
36. BERCY.						
Est. Tendret.	12	» »	6	» »	6	» »
37. BELLOU.						
Oudin Gré-sille.........	8	» »	» 22	»	6 18	»
38. NOGENT-LERTHAUT.						
J. Patu.....	6 10	»	»	» »	6 10	»
39. LA MAIRIE DE LA RIVIÈRE.						
Guionnet Lo-che.........	7 10	»	» 75	»	» 75	»
40. BOISSY-LE-REPOST.						
J. Patu.....	» 48	»	»	» »	» 48	»
41. L'AISTRE DE VENDEREZ.						
J. Fleurie...	4	» »	» 6 8		» 73 4	

	Liv. par. S. D.	Liv. par. S. D.	Liv. par. S. D.
42. BREGY.			
Perrot le Charpentier....	25 » »	12 16 »	12 4 »
43. CRESPIÈRES.			
Nicaise Domino........	» 60 »	» 33 4	» 26 8
44. SEGY.			
J. Fleurye..	6 » »	» 60 »	» 60 »
45. BOUTIGNY.			
Perrot Paris.	19 4 »	9 12 »	9 12 »
46. MARCILLY ET GENRES.			
Est. Cendret.	40 » »	15 » 8	24 19 4
47. MAREUIL-SAINT-DENYS.			
Est. de Ru..	25 » »	» 66 8	21 13 4
48. LA MAIRIE DE MORO.			
J. d'Au-Pigny.	25 4 »	4 4 »	21 » »
49. AU-PIGNY ET LONGUELAIRE.			
J. Brodin...	» 30 »	» 10 »	» 20 »
50. FARESMOUSTIER.			
Guyonnet Loche.........	96 » »	41 8 »	54 12 »
51. CHARLY, COUPPERU ET BASSEVEL.			
J. Patu.....	45 » »	» » »	45 » »
52. MONTIGNY ET L'OSTEL DE BREMES.			
Symon Bailleau........	7 10 »	» 33 4	» 116 8
53. MAIGNY, LEHONGRE.			
Bernart Garnier, dit le Bidaut........	» 60 »	» 20 »	» 40 »
54. LISY.			
J. Chandelier.	60 » »	30 » »	30 » »

	Liv. par.	S. D.	Liv. par.	S. D.	Liv. par.	S. D.

55. CHAMIGNY.

Guillaume
Courtoys...... 8 » »   » 29 4   6 10 8

56. FUBLAINES.

J. Fleurie... 6 » »   » 60 »   » 60 »

57. LES BOIS D'ENTRE OURC, MARNE ET MORAIN.

Adam Renier. 12 12 »   4 2 »   8 10 »

Summa..... » » »   » » »   586 3 »

§ 14.

LA CHASTELLENIE DE MONTLEHÉRI, *pour un an, commençant le* vi^e *jour d'octobre* CCCLXIX.

1. MONTLEHÉRY ET LYNAIS.

J. Grenier, 66 » »   15 » »   51 » »

1 bis. MONTLEHÉRI ET LINAIS.

Jehan Bes-
che-Pois...... 176 » »   54 4 »   121 16 »

2. LONG-PONT ET LES HAMEAUX.

Symon Rous-
sel.......... 66 » »   22 » »   44 » »

3. VILLEMOISSON.

Perrin Ivete. » 20 »   » » »   » 20 »

4. VER-LE-GRANT.

J. Grenier.. 41 » »   20 9 4   20 10 8

5. LENDEVILLE.

Symon Co-
chart........ 24 » »   11 » »   13 » »

6. SAINT-JEHAN DE LIEUVILLE.

J. Quillier.. 21 » »   10 » »   11 » »

RANÇON DU ROI JEAN.

	Liv. par. S. D.	Liv. par. S. D.	Liv. par. S. D.
7. MAROLLES.			
Symon Roussel..........	» 60 »	» 20 »	» 40 »
8. VER-LE-PETIT.			
Oudin Gervaise........	28 8 »	6 8 »	22 » »
9. SAINT-VRAIN-D'ESCORCY.			
Perrin le Boulengier......	12 » »	6 » »	6 » »
10. MARCOUSIS.			
Guil. Malingre.........	» 100 »	» 50 »	» 50 »
11. AURAINVILLE ET GUIBEVILLE.			
J. Denise...	12 » »	» 48 »	9 12 »
12. BOISSY.			
P. Pesant...	32 » »	9 8 »	22 12 »
13. LARDI.			
Guil. Negrun.	8 » »	4 » »	4 » »
14. BRIS ET VAUGRIGNEUSE.			
J. Chevreuse.	20 » »	» » »	20 » »
15. SAINT-MORISE, BASVILLE ET ARDENELLE.			
Guil. Malingre.........	» 24 »	24 » »	» » »
16. SAINT-YON, BRUEIL ET BRUEILLLT.			
J. Foucher..	» 60 »	» 18 »	» 42 »
17. BRUIÈRES-LE-CHASTEL.			
J. du Pleissis.	8 » »	» 32 »	6 8 »
18. FONTENAY-LEZ-BRIS.			
Perrot Hullot.	» 10 »	» » »	» 10 »
19. LYMOUX ET CHAUMUSSON.			
J. l'Uillier..	» 40 »	» » »	» 40 »
20. CHETAINVILLE.			
J. Denise...	6 » »	» 40 »	4 » »

	Liv. par.	S.	D.	Liv. par.	S.	D.	Liv. par.	S.	D.
21. GENVRIS.									
Laur. Dure..	»	40	»	»	»	»	»	40	»
22. MORSANT-SUR-OURGE.									
Colin Bruneau.........	15	»	»	7	10	»	7	10	»
23. FORGES.									
J. Chevreuse.	»	20	»	»	»	»	»	20	»
24. ENOUROY.									
Laur. Dure.	12	»	»	»	40	»	10	»	»
25. OURSOY.									
Perrin du Chemin......	15	»	»	4	»	»	11	»	»
26. VILLEJUST.									
Perrin Boudin.........	»	60	»	»	30	»	»	30	»
27. VILLERO-SOUBZ-SAUX.									
J. le Telier..	18	5	»	9	2	6	9	2	6
28. SAUX ET SAUSSIEL.									
Thevenin le Maistre......	36	»	»	7	»	»	29	»	»
29. BALLEVILLIER.									
Le même...	20	»	»	6	13	4	13	6	8
30. LOUVENS.									
Le même...	9	»	»	»	60	»	6	»	»
31. GEVISY.									
Perrin du Chemin......	12	»	»	4	»	»	8	»	»
32. SAVIGNY ET- VAUX.									
Oudin le Fevre.........	21	»	»	10	10	»	10	10	»

	Liv. par.	S.	D.	Liv. par.	S.	D.	Liv. par.	S.	D.
33. ESPINUEIL-SUR-OURGE.									
Perrin Ivete.	41	12	»	16	8	»	25	4	»
34. SAINT-MICHIEL.									
Symon Roussel.........	12	»	»	4	»	»	8	»	»
35. BIÈVRE.									
Thevenin Coiffart......	»	60	»	»	20	»	»	40	»
36. BENDEVILLE.									
J. Chevreuse.	»	16	»	»	»	»	»	16	»
37. ÉGLIS ET VILLELOUVÈTE.									
Jehan......	8	»	»	»	69	4	4	10	8
38. ATIS-SUR-OURGE.									
Guil. Chevalier.........	20	»	»	9	13	4	10	6	8
39. SAINT-PÈRE-DE-BRETIGNY, LE-PLESSIÉ-PASTÉ ET SAINT-FILEBERT.									
Symon Roussel..........	44	»	»	14	13	4	29	6	8
40. SERNY ET VILLIERS-SOUBZ-LA-FERTÉ.									
Thomas Boute-Villain.....	8	»	»	4	»	»	4	»	»
41. CHASTRES.									
Cl. Marchant.	6	»	»	»	40	»	4	»	»
41 bis. CHASTRES.									
J. Grenier...	209	»	»	75	12	»	133	8	»
42. LES BOIS DE LADICTE CHASTELLENIE.									
Guil. Malingre.........	16	»	»	8	»	»	8	»	»
Summa.....	»	»	»	»	»	»	714	11	10

§ 15.

LA CHASTELLENIE DE CHASTEAU-FORT, *pour un an, com-mençant le* VIIe *jour d'octobre (mil)* CCCLXIX.

	Liv. par.	S.	D.	Liv. par.	S.	D.	Liv. par.	S.	D.
1. CHASTEAU-FORT.									
J. l'Uillier..	14	»	»	7	»	»	7	»	»
2. LES LOGES.									
Sym. Pagot..	»	20	»	»	6	8	»	13	4
3. JOUY.									
Perrin Audo-nait.........	»	75	»	»	37	6	»	37	6
4. YGNY.									
Th. le Fevre.	»	60	»	»	»	»	»	60	»
5. VAUHERLANT ET LOSOIRRE.									
J. le Telier..	»	60	»	»	30	»	»	30	»
6. GUIENCOURT.									
J. Bonin....	»	20	»	»	6	8	»	13	4
7. SOISY-LEZ-SAINT-CIR.									
Franç. Salé.	38	8	»	38	8	»	»	»	»
8. VOISINS.									
J. Bonin....	»	10	»	»	3	4	»	6	8
9. MONTIGNY.									
Le même...	»	10	»	»	3	4	»	6	8
10. VILLIERS-LE-BACLE.									
Le même...	»	10	»	»	»	»	»	10	»
11. SAINT-ALBIN.									
Le même...	»	20	»	»	»	»	»	20	»
12. SACLAY.									
Le même...	»	20	»	»	»	»	»	20	»

	Liv. par. S. D.	Liv. par. S. D.	Liv. par. S. D.
13. TOUSSUS.			
Le même...	» 10 »	» » »	» 10 »
14. BUC.			
Sym. Pagot..	» 20 »	» 6 8	» 13 4
15. CHAVILLE, OURSINES ET VELISY.			
R. Vernon..	» 40 »	» 13 4	» 26 8
16. VIROFLAIN ET MOUSTEREUL.			
J. Bonin....	» 10 »	» 3 4	» 6 8
17. SAINT-CIR ET FONTENAY.			
Le même..	» 10 »	» 3 4	» 6 8
18. GIF ET COURCELLES.			
Rich. Four-quaut........	12 » »	6 » »	6 » »
19. COMBERTIN ET TIESSELIN.			
Philippot de Cambray.....	» 30 »	» » »	» 30 »
20. L'IMPOSICION DES BOIS DE LADICTE CHASTELLENIE.			
J. Bonin...	10 » »	» 46 8	7 13 4
Summa....	» » »	» » »	36 4 2

§ 16.

LA CHASTELLENIE DE POISSY, *pour un an, commençant le* XVIII*e jour d'octobre (mil)* CCCLXIX.

	Liv. par. S. D.	Liv. par. S. D.	Liv. par. S. D.
1. FEUCHEROLLES ET DAVERON.			
Raoul Julian.	» 8 »	» 4 »	» 4 »
2. SAINT-NOM ET LA BRETESCHE.			
Adam de Me-nidon........	» 10 »	» 5 »	» 5 »

	Liv. par.	S.	D.	Liv. par.	S.	D.	Liv. par.	S.	D.
3. PARTIE DE TIVERNAL.									
Raoul Julian.	» 16	»		»	»	»	» 16	»	
4. CHAVENUEIL.									
Adam de Menidon.......	» 20	»		» 10	»		» 10	»	
5. CRESPIÈRES ET HEUDEVILLE.									
J. Fleurie...	» 36	»		» 18	»		» 18	»	
6. MONTAINVILLE.									
J. Toutain..	6	»	»	» 20	»		»100	»	
7. MARUEIL-SOUBZ-MANDRE.									
Rich. Olivier.	4	»	»	» 13	4		» 66	8	
8. MAULE-SUR-MANDRE.									
Le même...	80	»	»	25	6	8	54	13	4
9. HERBEVILLE.									
Le même...	» 64	»		» 10	8		» 53	4	
10. LES ALEZ-LE-ROY.									

Néant, pour ce que aucun ne vint qui les méist à pris.

	Liv. par.	S.	D.	Liv. par.	S.	D.	Liv. par.	S.	D.
11. OURGEVAL.									
J. Bardoul..	» 32	»		» 21	4		» 10	8	
12. MAISONS-SUR-SAINE, FERMAINVILLE ET LA VAUDOIRE.									
J. Mangier..	32	»	»	10	13	4	21	6	8
13. QUARRIÈRES.									
Michaut de Convoye.....	27	»	»	12	»	»	15	»	»
14. ASCHIÈRES ET GARENNES.									
J. Malide...	4	»	»	» 40	»		» 40	»	
15. MARUEIL-SOUBZ-MARLI.									
Symon Poitevin........	88	»	»	44	»	»	44	»	»
16. FOURQUEUX.									
J. le Roy...	12	»	»	6	»	»	6	»	»

	Liv. par.	S. D.	Liv. par.	S. D.	Liv. par.	S. D.
17. SAINT-LIGIER, HAVEMONT ET FILOCOURT.						
Th. Bricet..	21	» »	10	10 »	10	10 »
18. HASEMONT.						
J. le Huet..	4	» »	»	40 »	»	40 »
19. MORAINVILLIER.						
Perrin Godart.........	»	20 »	»	13 4	»	6 8
20. SAINT-MARTIN DE BOUFFLE.						
Lucas le Normant........	19	» »	9	10 »	9	10 »
21. QUARRIÈRES OULTRE L'EAUE.						

Baillée avec Triel, pour ce néant, cy.

	Liv. par.	S. D.	Liv. par.	S. D.	Liv. par.	S. D.
22. FRESNES.						
J. le Huet...	9	» »	»	68 »	»	112 »
23. CHAPPET.						
J. Rollant...	9	» »	»	46 8	6	13 4
24. BETHEMONT ET ÉGREMONT.						

Néant, pour ce que aucun ne les mist à pris.

25. MIGNIAUX, POINCY ET LA LAYE.

Baillées avec Poissy, pour ce néant, cy.

	Liv. par.	S. D.	Liv. par.	S. D.	Liv. par.	S. D.
26. VERNOULLER ET BANANCOURT.						
J. le Huet...	18	» »	6	» »	12	» »
27. MEDENC.						
Regnaut l'Uillier..........	9	» »	4	10 »	4	10 »
28. VILLAINES.						
J. Malide...	22	10 »	11	5 »	11	5 »
29. BURES.						
Jehannin le Huet........	»	60 »	»	30 »	»	30 »

	Liv. par.	S.	D.	Liv. par.	S.	D.	Liv. par.	S.	D.

30. PISSE-FONTAINE.

| J. de Pontoise........ | 20 | » | » | 10 | » | » | 10 | » | » |

31. CHAMBOURCY, MONTAGU, RAIS ET MONTJOYE.

| J. Sauvage.. | 10 | 10 | » | 4 | 10 | » | 6 | 10 | » |

32. TRIEL ET QUARRIÈRES-OULTRE-L'EAUE.

| Colin de Liencourt........ | 84 | » | » | 28 | » | » | 56 | » | » |

33. POISSY.

| André Louvet.......... | 84 | » | » | 42 | » | » | 42 | » | » |

34. LE-MESNIL-LE-ROY.

| Colin de Liencourt........ | 8 | » | » | » | 26 | 8 | 6 | 13 | 4 |

35. L'IMPOSICION DES BOIS DE LADICTE CHASTELLENIE DE POISSY.

| J. Sauvage.. | » | 40 | » | » | 20 | » | » | 20 | » |
| Summa..... | » | » | » | » | » | » | 342 | 14 | » |

§ 17.

LA CHASTELLENIE DE GOMMEZ, *pour un an, commençant le* XIIe *jour d'octobre l'an* M CCCLXIX.

1. GOMMEZ-LA-VILLE, BURES, PESQUEUX, LES MOLIÈRES, LES BOIS DE LADICTE CHASTELLENIE.

| Guil. Malingre......... | 12 | » | » | 6 | » | » | 6 | » | » |

LA CHASTELLENIE DE MAUREPAST, *pour un an, commençant le* XXIIIe *jour d'octobre* CCCLXIX.

2. MAUREPAST.

| Thevenot Villain......... | 24 | » | » | 12 | » | » | 12 | » | » |
| Summa..... | » | » | » | » | » | » | 18 | » | » |

§ 18.

LA CHASTELLENIE DE DAMPMARTIN, *pour un an, commençant le* XXIIIe *jour d'octobre l'an* M. CCCLXIX.

	Liv. par.	S. D.	Liv. par.	S. D.	Liv. par.	S. D.
1. DAMPMARTIN.						
Guil. Naudière........	180	» »	90	» »	90	» »
2. CUISY ET CHAMBRE-FONTAINE.						
Louys du Mesnil.......	»	20 »	»	10 »	»	10 »
3. ROUVRES.						
Perrin Belin le jeune.....	9	» »	4	10 »	4	10 »
4. VILLENEUVE-SOUBZ-DAMPMARTIN.						
J. Constant..	15	» »	7	10 »	7	10 »
5. SAINT-MESMES ET VINUEIL.						
P. Raimboust.	12	16 »	4	8 »	8	8 »
6. LONGPERIER, BEAUMARCHÉS ET SAINT-LAURENS.						
Jehan de Mesières.......	12	» »	»	104 »	6	16 »
7. MITTRY.						
Perrin le Fevre.........	60	» »	29	4 »	30	16 »
8. NORY.						
Jaquet Gilart.	4	» »	»	40 »	»	40 »
9. LISSART-SOUBZ-DAMPMARTIN.						
Drouet Pillon.........	»	60 »	»	30 »	»	30 »

	Liv. par.	S. D.	Liv. par.	S. D.	Liv. par.	S. D.
10. THIEUX-SOUBZ-DAMPMARTIN.						
J. Benoit...	26	» »	7 10	8	18	9 4
11. OTTIS ET GUIGNENCOURT.						
Guillot le Forestier.......	» 108	»	» 54	»	» 54	»
12. NANTOULLET.						
André Prisié.	30	» »	4	» »	26	» »
13. JULLY.						
Guil. de la Barre.......	9	» »	» 46	8	6 13	4
14. VINANTES.						
Guil. le Barrois.........	» 60	»	» 20	»	» 40	»
15. MONTGIER.						
P. Alixandre.	» 50	»	» 16	8	» 33	4
16. SAINT-SOUPPLEST.						
Le même...	12	» »	» 112	»	6	8
17. GRESY.						
Mahieu Mignot.........	» 30	»	»	» »	» 30	»
18. SAINT-MARC.						
J. Nazin....	4 10	»	»	» »	4 10	»
19. LES BOIS DE LADICTE CHASTELLENIE.						
Guil. de la Barre.......	29 8	»	14 14	»	14 14	»
Summa.....	»	» »	»	» »	236 12	

§ 19.

LA CHASTELLENIE DE CHEVREUSE, *pour un an, commen-*
çant le XXVIe *jour d'octobre (mil)* CCCLXIX.

	Liv. par.	S. D.	Liv. par.	S. D.	Liv. par.	S. D.
1. CHEVREUSE, SAINT-LAMBERT, LES TROUX, SAINT-REMI, CHEVRIGNY, RODON.						
Milet le Poissonnier......	140	» »	44	6 8	95	13 4

LA CHASTELLENIE DE LONGJUMEL, *pour un an, com-*
mençant le VIe *jour de novembre (mil)* CCCLXIX.

2. LONGJUMEL, CHAILLY ET CHAMPLANT.						
P. Ivete....	55	» »	15 11 4		39	8 8
2. *bis.* LONGJUMEL, CHAILLY ET CHAMPLANT.						
Symon Roussel..........	300	» »	120	» »	180	» »
3. LA VILLE DE ROSAY-EN-BRIE						
P. Milot....	6	» »	» 60	»	» 60	»
3 *bis.* LADICTE VILLE DE ROSAY.						
P. Milot....	128	» »	18	» »	110	» »
Summa....	»	» »	»	» »	528	2 »

§ 20.

LA CHASTELLENIE DE LA FERTÉ-ALÈS, *pour un an, com-*
mençant, c'est assavoir le VIe *denier du vin vendu en*
gros, le jour de la saint Remi, et l'imposicion de lad.
chastellenie, le premier jour de mars (mil) CCCLXIX ;
et est assavoir qu'il fu ordené à Jehan Gencien que
dud. VIe *il n'en recevroit riens, jusques au premier*

jour de mars, et fu receu par les gens de la royne Jehanne, et aud. premier jour de mars, le XIIIe *fu mis sus qui doit estre receu par François Daunoy[1] pour ce dud.* VIe. *Néant, cy* [2].

	Liv. par.	S.	D.	Liv. par.	S.	D.	Liv. par.	S.	D.
			1. CUIDEVILLE.						
Regn. Mile, dont P. Girout[3], receveur pour la roine Jeanne, a receu........	» 104 »								
pour le demou- rant........				» 52 »			» 52 »		
			2. VIDELLES.						
J. le Gras...	» 16 »			» 8 »			» 8 »		
			3. BOUTIGNY.						
Regn. Rigot.	27 4 »			13 12 »			13 12 »		
			4. MESSE.						
J. de Saint- Amant.......	100 » »			50 » »			50 » »		
			5. VAIRES.						
Regn. Rigot.	24 » »			12 » »			12 » »		

[1] On lit en marge : « Super dictum Franciscum. »

[2] Tout le monde indistinctement devoit payer l'aide pour la rançon de Jean. Pourtant, dès 1362, ce monarque avoit fait une exception en faveur de la reine Blanche, et lui avoit attribué 4000 fr. d'or, pour un an, à prendre sur l'aide levée dans quatre de ses châtellenies, et afin de la dédommager de 9020 l. qu'elle percevoit en Rouergue, avant le traité de Brétigny, il lui avoit également assigné pareille somme sur l'aide *pour sa rançon. (Arch. nat., sect. lég.)* C'étoit sans doute par suite de cette assignation que les agents de la reine levoient le VIe dans la châtellenie de la Ferté-Alais.

[3] En marge : « Super dictum Petrum Girout. Computavit et reddidit quod « debebat » Il est à observer que, dans tout ce paragraphe, P. Girout figure en place de J. Gencian ; et, comme on vient de voir qu'il compta et rendit ce qu'il devoit, à partir de MESSE, on ne lit plus *a receu,* mais *rent* (reddit).

	Liv. par. S. D.	Liv. par. S. D.	Liv. par. S. D.
6. BOURROY.			
Philippot Hausse-Pié....	» 48 »	» 24 »	» 24 »
7. DUISON.			
Regn. Rigot.	4 16 »	» 48 »	» 48 »
8. BOSNE ET SAUSSOY.			
Le même...	4 10 »	» 45 »	» 45 »
9. COUSANCES.			
Regn. Mile..	12 » »	6 » »	6 » »
10. COURTEMANCHE.			
Regn. Rigot.	» 78 »	» 39 »	» 39 »
11. LE VAL-DE-PUISIEUX.			
Le même...	» 8 »	» 4 »	» 4 »
12. LA FERTÉ-ALEPS.			
J. de Laon..	10 » »	» 100 »	» 100 »
12 *bis*. LADICTE VILLE.			
Berthaut Haveron........	48 » »	» » »	48 » »
Summa.....	» » »	» » »	145 12 »

§ 21.

LA VILLE DE BRAYE-COMTE-ROBERT, *pour un an, commençant le* viiie *jour de septembre (mil)* CCCLXIX.

1. LA VILLE DE BRAYE-COMTE-ROBERT.

J. Dupuis, fermier du vie du vin de lad. ville.......... 192 » »
qui furent receuz par led. P.

	Liv. par.	S.	D.	Liv. par.	S.	D.	Liv. par.	S.	D.
Girout, ou nom que dessus, jusques au 1er jour de mars que l'en bailla de nouvel le xiiie à ferme, pour led vie, qui chéy à Perrin Germain pour..				48	»	»			
rendues ci après [1], pour un mois; pour ce néant dud. vie..							»	»	»

1 bis. LADICTE VILLE DE BRAYE.

	Liv. par.	S.	D.	Liv. par.	S.	D.	Liv. par.	S.	D.
Symon Brugevin........	180	»	»	114	»	»	66	»	»

1 ter. LADICTE VILLE.

	Liv. par.	S.	D.	Liv. par.	S.	D.	Liv. par.	S.	D.
Guil. Crote..	255	»	»	127	10	»	127	10	»

1 quater. LADICTE VILLE.

	Liv. par.	S.	D.	Liv. par.	S.	D.	Liv. par.	S.	D.
Perrin Germain........	48	»	»	»	»	»	48	»	»
Summa....	»	»	»	»	»	»	241	10	»

§ 22.

GOURNOY, *pour un an, commençant le* viiie *jour de septembre (mil)* ccclxix.

J. GOURNOY.

	Liv. par.	S.	D.	Liv. par.	S.	D.	Liv. par.	S.	D.
Adam Roussel...........	4	8	»	»	58	8	»	29	4

[1] Voy. le n° 1 *quater*. A partir de 1 *bis*, J. Gencian reparoît comme receveur.

RANÇON DU ROI JEAN.

	Liv. par.	S.	D.	Liv. par.	S.	D.	Liv. par.	S.	D.
2. CHAMPS.									
J. Hurart...	18	»	»	8	8	»	9	12	»
3. LUGNES.									
Perrin le Clerc........	4	»	»	»	39	2	»	40	10
Summa....	»	»	»	»	»	»	13	2	2

§ 23.

Les villes du dyocèse de Paris qui ne sont pas de la viconté, pour un an, commençant le VIIIe jour de septembre (mil) CCCLXIX.

	Liv. par.	S.	D.	Liv. par.	S.	D.	Liv. par.	S.	D.
1. VILLIERS-ADAM.									
Gaultier le Boucher......	24	»	»	8	»	»	16	»	»
2. BAILLEUL.									
Oudin Poue.	4	10	»	»	45	»	»	45	»
3. MERIEL.									
Perrin de Rivières.......	12	»	»	»	60	»	9	»	»
4. BONNES.									
Guil. Gilebert........	12	»	»	6	»	»	6	»	»
5. SAINT-SOUPPLICE.									
Symon Coquemaine.....	»	40	»	»	23	4	»	16	8
Summa....	»	»	»	»	»	»	34	1	8

§ 24.

LA VILLE ET TERRE DE LAIGNY, *c'est assavoir le* vi^e *du vin, pour un an, commençant le* viiie *jour de septembre, et l'imposicion, commençant le* xvie *jour de février ensuivant* CCCLXIX, *et fénissant le jour saint Remi* CCCLXX *ensuivant.*

	Liv. par.	S. D.	Liv. par.	S. D.	Liv. par.	S. D.
1. LAIGNY.						
Robin l'Empereur.......	176	» »	84	» »	92	» »
1 *bis.* LAIGNY.						
Philipot Ravine........	180	» »	45	» »	135	» »

Autres villes baillées, c'est assavoir le vi^e *denier du vin, pour un an, commençant le* viiie *jour de septembre* CCCLXIX, *et l'imposicion, pour un an, commençant le second jour de février ensuivant.*

2. CHAMPEAUX-EN-BRIE.

Le vi^e du vin non mis à pris pour ce, néant.

2 *bis.* CHAMPEAUX-EN-BRIE.						
J. Fromont..	40	» »	6 13 4		33	6 8
3. LA CHAPELLE-MESSIRE-GAUTIER.						
Colin le Begue..........	22	» »	11	» »	11	» »
3 *bis.* LA CHAPELLE MESSIRE GAUTHIER.						
J. Rougeau..	36	» »	»	» »	36	» »

4. QUIERRES.

Le vi^e du vin, néant, pour ce qu'il ne fu point mis à pris.

	Liv. par.	S.	D.	Liv. par.	S.	D.	Liv. par.	S.	D.
4 bis. QUIERRES.									
J. Fromont..	14	»	»	»	»	»	14	»	»
5. SAINT-MERRY, FONGIS ET ANDRESSEL.									
Colin le Begue.........	8	»	»	»	53	4	»	106	8
5 bis. SAINT-MERRY.									
J. Fromont..	22	»	»	»	»	»	22	»	»
6. SOULERRE.									
Guillot le Boucher.....	4	»	»	»	40	»	»	40	»
6 bis. LADICTE VILLE DE SOULERRE.									
Perrin Thomin.........	»	60	»	»	10	»	»	50	»
7. CRUQUETAINES.									
Hugues Bernier.	4	10	»	»	»	»	4	10	»
8. SARRIS.									
J. Risart....	4	10	»	»	15	»	»	75	»
Summa.....	»	»	»	»	»	»	361	8	4

§ 25.

La chastellenie de Tournant. *L'imposicion et* vi^e *denier du vin, pour un an, commençant le* viii^e *jour de septembre* ccclxix.

	Liv. par.	S.	D.	Liv. par.	S.	D.	Liv. par.	S.	D.
1. TOURNANT.									
J. Thomassin.	74	8	»	42	12	»	31	16	»
2. MARLE.									
J. Truchon..	16	»	»	10	13	4	»	106	8
3. FONTENAY.									
Symon le Quarrier.....	25	»	»	15	17	4	9	2	8

	Liv. par.	S.	D.	Liv. par.	S.	D.	Liv. par.	S.	D.
4. CHASTRES ET LES HAMEAUX.									
Thomas Maingot.........	7	»	»	4	13	4	»	46	8
5. FAVIÈRES.									
Adam Hazart.........	»	75	»	»	37	6	»	37	6
6. PRAELLES.									
J. Oursin...	»	100	»	»	66	8	»	33	4
7. GRÈS.									
Le même...	6	»	»	4	»	»	»	40	»
8. LA HOUSSAYE.									
Thomas le Tuillier......	8	»	»	»	106	8	»	53	4
9. LE NEUF-MOUSTIER.									
J. Oursin...	»	20	»	»	6	8	»	13	4
10. DAMPMARTIN, LE PLESSIÉ ET RETOULLE.									

Néant, pour ce que aucun ne les mist à pris.

	Liv. par.	S.	D.	Liv. par.	S.	D.	Liv. par.	S.	D.
11. LA CHAPELLE HAOUYS.									
Perrin le Menestrel.......	»	60	»	»	40	»	»	20	»
12. LES BOIS DE LADICTE CHASTELLENIE DE TOURNANT.									
J. Oursin...	6	»	»	4	»	»	»	40	»
Summa.....	»	»	»	»	»	»	60	9	6

§ 26.

LA CHASTELLENIE DE TORCY. *L'imposicion et le* VIe *denier du vin, pour un an, commençant le* XXIIe *jour de septembre* CCCLXIX.

	Liv. par.	S.	D.	Liv. par.	S.	D.	Liv. par.	S.	D.
1. TORCY, BUCY, SAINT-MARTIN, RENTILLI, LE CHEMIN ET LA BROCE.									
Jaquet Fauquet.........	252	»	»	84	»	»	168	»	»
Summa per se.	»	»	»	»	»	»	168	»	»

§ 27[1].

Autre recepte, à cause de l'imposicion de XII deniers pour livre des denrées et marchandises du Lendit, baillées en l'an M. CCCLXX.

PREMIEREMENT

1. DU PARCHEMIN DU LENDIT ET DE LA VILLE SAINT-DENIS, DURANT LEDIT LENDIT.

Par les mains de Jehan Noisete, Richart Jumel et Pierre de Tournay.

	Liv. par.	S.	D.	Liv. par.	S.	D.	Liv. par.	S.	D.
2. BLÉ ET TOUT GRAIN, FOIN, FEURRE ET TOUTE HERBE.									
J. Fauveau..	19	10	»	»	»	»	19	10	»
3. LAINES, AIGNELINS ET FILE DE LAINE.									
Guillaume le Bourgoignon...	352	»	»	»	»	»	352	»	»
4. AUMAILLE, BESTE A LAINE ET TOUTES AUTRES BESTES A PIÉ FOURCHIÉ.									
Colin de Soprepy........	338	»	»	»	»	»	338	»	»
5. PELLETERIE, TANT FAICTE COMME ESCRUE.									
Girart de Savoye........	270	»	»	»	»	»	270	»	»
6. CORDOUEN, BASANNIERS, SOLERS ET TOUTE OEUVRE FAICTE D'ICELLUI MESTIER.									
J. Fauveau..	120	»	»	»	»	»	120	»	»
7. CUIR A POIL TANNÉ ET A TANNER ET TOUT AUTRE CUIR, COURROIE AUTRE QUE DESSUS NOMMÉ.									
Bernart Gaillart..........	320	»	»	»	»	»	320	»	»

[1] Voy. § 5, p. 213.

	Liv. par.	S.	D.	Liv. par.	S.	D.	Liv. par.	S.	D.

8. CHEVAUX, JUMENS, ASNES, ASNESSES, MULES ET MULEZ.

	Liv. par.	S.	D.	Liv. par.	S.	D.	Liv. par.	S.	D.
George Beth.	494	»	»	»	»	»	494	»	»

9. ESPICERIE, ORFEVRES, CHANGEURS, MERCERIE, BOURSIERS, MÉGISSIERS, GANS DE CUIR, CONROIERS, TASSETIERS, GANS DE LAINE, CHAPPEAUX DE FEUTRE ET DE BIEURE, PLUMES A METTRE SUR CHAPPEAUX, SELLIERS, LORMIERS, BOURRELIERS, FEUTRIERS, COFFRES, BAHUZ, MALES, HANAPS, TANT DE MADRE COMME D'AUTRES, BOIS ET TOUTES MANIÈRES D'ARMEURES.

	Liv. par.	S.	D.	Liv. par.	S.	D.	Liv. par.	S.	D.
Thomassin de Nimes........	37	8	»	»	»	»	37	8	»

10. FER, ACIER, CLOU, FAUX, FAUCILLES, PELES DE FER ET TOUT AUTRE FER SENZ ARMEURES, CHAUDERONNIERS, TOUTE BATTERIE DE FER ET D'AIRAIN, FEVRES, MARESCHAUX ET BALLENCIERS.

	Liv. par.	S.	D.	Liv. par.	S.	D.	Liv. par.	S.	D.
Robert Dyeux y-Voie.......	340	»	»	»	»	»	340	»	»

11. TOILES ET CHANEVAS.

	Liv. par.	S.	D.	Liv. par.	S.	D.	Liv. par.	S.	D.
Guillaume le Bourgoignon...	230	»	»	»	»	»	230	»	»

12. FREPERIE, CORDIERS, FILANDRIERS, LIN ET TOUT CHANVRE, COUSTES, COUSSINS, PLUME, CHAUSSETIERS, DOUBLETIERS, SARGES, TAPPIZ ET AUTRES COUVERTURES A LIT, HORS LES CHAUSSES DE BROICELLES.

	Liv. par.	S.	D.	Liv. par.	S.	D.	Liv. par.	S.	D.
Guillaume le Bourgoignon...	57	4	»	»	»	»	57	4	»

13. CUISINIERS ET BOUCHERS DU CHAMP DU LENDIT ET DE SAINT-DENIS, LARD, HUILLES, GRESSES, OEUFS, FROMAGES, TOUT FRUIT ET TOUT EGRUN, POULAILLERIE, POISSON DE MER ET D'EAUE DOUCE.

	Liv. par.	S.	D.	Liv. par.	S.	D.	Liv. par.	S.	D.
Guil. Goubaut........	30	»	»	»	»	»	30	»	»

14. CHARUES, CHARIOZ, CHARETES, ROES, PELES, FOURCHES, CORBEILLES, VANS, HOTES, PENNIERS, CHASIERES, ESCUELLES ET PLAZ DE FUST, LANTERNES, SOUFFLEZ ET TEIL, EXCEPTÉ CELUI QUI SERA MIS EN CONDUE.

	Liv. par.	S.	D.	Liv. par.	S.	D.	Liv. par.	S.	D.
J. de Crespières........	4	»	»	»	»	»	4	»	»

Liv. par. S. D. Liv. par. S. D. Liv. par. S. D.

15. TONNEAUX, WIZ, CERCLES, OSIER, TOUT MERRIEN A VIN, POZ DE TERRE, YMAGIERS, TUMBIERS, QUARRIERS, MORTELIERS, BUSCHE, CHARBON, TUILLE, PLASTRE CUIT ET CRU, VOIRRES, VOIRRIÈRES ET TOUTES CHOSES QUE LES NOMMENT.

P. de Tournay .... 50 » »   » » »   » 50 »

16. DRAPS A DÉTAIL AVEC LA FOSSE DE MOMPINSON.

Est. Boque-Nette .... 510 » »   » » » 510 » »

17. SAVATIERS DU LENDIT ET DE SAINT-DENYS.

Symon de Beauvès ...... » 52 »   » » »   » 52 »

18. TAINTURES ET GUESDES.

P. de Tournay .... » 40 »   » » »   » 40 »

19. DRAPS EN GROS.

Guil. Colemare .... 4600 » »   » » » 4600 » »

20. CHAUSSES DE BOISSELLES.

Jehannet de Meaulx .... 10 » »   » » »   10 » »

Summa ..... » » »   » » » 7749 4 »

Summa totalis recepte hujus compoti ...... » » »   » » » 31704 2 »

DESPENSE FAICTE.

CHAPITRE PREMIER.

§ *unique.*

DENIERS BAILLIEZ.

	Fr.	1 2	1/4
1. A Jehan l'Uissier, receveur général des aides ordennées pour le fait de la guerre[1], par cédule de lui donnée le premier jour de juing cccLxx..........	500	»	»
2. viiie jour de juing............	250	»	»
3. xve jour dud. mois..........	250	»	»
4. xixe dud. mois..............	1600	»	»
5. xxiie dud. mois.............	250	»	»
6. xxviie dud. mois............	2000	»	»
7. xxixe dud. mois.............	250	»	»
8. vie jour de juillet...........	250	»	»
9. xiie jour dud. mois..........	1637	$\frac{1}{2}$	»
10. xiiie dud. mois.............	250	»	»
11. Led. xiiie jour.............	155	»	»
12. xxe dud. mois.............	250	»	»
13. xxviie dud. mois...........	250	»	»
14. Le iiie jour d'aoust.........	250	»	»
15. ve jour dud. mois..........	700	»	»

[1] On lit en marge : « Cordat per totum, in compoto dicti Johannis Rostia-
rii. »

	Fr.	1/2	1/4
16. XIIIe jour dud. mois...........	155	»	»
17. Led. XIIIe jour...............	250	»	»
18. XVIIe jour dud. mois...........	250	»	»
19. XXIIe jour d'aoust	50	»	»
20. XXIIIe jour d'aoust............	250	»	»
21. Derrenier jour dud. mois........	250	»	»
22. Led. derrenier jour............	1200	»	»
23. VIIe jour de septembre.........	250	»	»
24. XVIIe dud. mois [1].............	250	»	»
25. Derrenier jour de mars CCCLXX (1371 n. s.)......................	186	»	$\frac{1}{4}$ [2]
26. XXVIII jour de novembre CCCLXXI.	500 [3]	»	»
Summa 12123 fr. cum tribus quartis[4].			
Valentium......................	9699^l	»	»
et in alia parte.....................	310^l	»	»
Summa dictarum duarum parcium ..	10009^l	»	»

CHAPITRE II.

§ 1er.

1. A Jean Amiot clerc et commis à paier les œuvres du roy, nostre seigneur,

[1] On lit en marge, d'une part : « Cerdat. » et de l'autre : « Redduntur ut « supra. » Ce qui prouve que la note qu'on va lire s'applique à cet article.

[2] On lit en marge : « Redduntur per nonum computum Johannis Hos- « tiarii, etc. » (Même date que plus bas.) De sorte que l'observation suivante, placée en marge de cette partie de la dépense, s'applique à ces 25 articles. « Omnes iste partes accolate redduntur per nonum compotum Johannis « Hostiarii finitum ad primam aprilis ccclxx, ante Pascha. »

[3] On lit en marge : « Redduntur per decimum compotum Johannis Hos- « tiarii. »

[4] Il y a dans ce total une erreur que je n'ai pas signalée dans mon intro-

	Liv. par.	S.	D.
pour son hostel de Saint-Pol, à Paris[1], pour convertir esd. œuvres, par lettre de recognoissance de lui donnée xxve jour de may ccclxx......................	20	»	»
2. Premier jour de juing..........	20	»	»
3. viiie jour dud. mois...........	20	»	»
4. xve jour de juing...	20	»	»
5. xxiie dud. mois...............	20	»	»
6. xxixe dud. mois..............	20	»	»
7. vi^e jour de julet..............	20	»	»
8. xiii^e jour dud. mois...........	20	»	»
9. xx^e jour dud. mois............	20	»	»
10. xxvii^e de juillet..............	20	»	»
11. iii^e jour d'aoust.............	20	»	»
12. x^e jour dud. mois............	20	»	»
13. xvii^e dud. mois..............	20	»	»
14. xxiiiie dud. mois.............	20	»	»
15. Derrenier jour dud. mois.......	20	»	»
Summa.......................	300[2]	»	»

§ 2.

1. A Guillaume de Maule, paieur des
œuvres du chastel de Saint-Germain en
Laye[3], pour convertir esd. œuvres, par

---

duction, parce qu'elle pourroit bien n'être que le résultat d'une confusion
dans la manière de grouper les sommes partielles.

[1] En marge : « Cordat in compoto dicti Amioti. »

[2] En marge : « Omnes iste partes redduntur per compotum Johannis
« Amioti finitum prima octobris ccclxx, et ibi corriguntur. »

[3] On lit en marge : « Cordat ut supra in compoto istius Guillelmi de
« Maule. »

Fr.   1/2 1/4

vertu d'un mandement du roy, nostre
seigneur, donné le xviiie jour de janvier
(mil) ccclxix, rendu à court, ou compte
de Jehan Gencien, receveur paravant
led. Jehan le Mire, et duquel le vidimus
est ci rendu à court, faisant mencion
que, pour le parfait et avancement desd.
œuvres, en baillant et délivrant aud.
Guillaume, par chascune sepmaine, jusques à la Saint-Jehan ensuivant, la
somme de 250 frans d'or pour ce, par
lettre de recognoisance dud. Guillaume
donnée xxve jour de may ccclxx......   250   »   »

2. Premier jour de juing..........   250   »   »

3. viiie dud. mois..............   250   »   »

4. xve de juing..............   250   »   »

5. xxie jour de juing............   250   »   »

6. Par autre mandement du roy nostre
seigneur donné (le) xxiie jour de juing,
vérifié au dos par les généraulx conseillers sur le fait des aides de la guerre,
rendu ci à court, faisant mencion que on
baille et délivre aud. Guillaume de
Maule, pour la cause dessusd., par
chascune sepmaine, jusques à la vou-
lenté du roy, nostred. seigneur, la somme
de 250 frans d'or des deniers desd. aides;
pour ce par led. mandement et lettre
dud. Guillaume le xxixe jour de juing..   250   »   »

7. vie jour de juillet............   250   »   »

8. xiiie jour de juillet............   250   »   »

	Fr.	1	2	1/4
9. xxᵉ jour dud. mois............	250		»	»
10. xxvııᵉ jour dud. mois........	250		»	»
11. ıııᵉ jour d'aoust............	250		»	»
12. xᵉ jour dud. mois............	250		»	»
13. xvııᵉ jour dud. mois.........	250		»	»
14. xxıııᵉ jour dud. mois........	250		»	»
15. Derrenier jour dud. mois.....	250 [1]		»	»
Summa 3750 francorum valentium...	3000[1][2]		»	»

CHAPITRE III.

AUTRES DENIERS PAIEZ AUS PERSONNES ET POUR LES
CAUSES QUI S'ENSUIVENT.

§ *unique*.

1. A messire Ferry de Mes, conseil-
lier du roy, nostre seigneur, et maistre
des requestes de son hostel[3], pour deniers
à lui deuz, par la fin d'un sien compte
particulier, d'un certain voiage par lui
fait, es parties de Lorraine, pardevers
messire Brocart de Fenestranges, pour
lui faire paiement de la somme de
10000 frans qu'il devoit avoir au terme,

---

[1] On lit en marge : « Redduntur ut supra. »

[2] On lit en marge : « Omnes partes istius capituli redduntur per compotum Johannis de Maule finitum ad primam novembris ccccxxıᵒ. »

[3] On lit en marge : « Cordat in computo dicti magistri Ferryci qui est
penes Generales. »

de Pasques (mil) ccclxx, pour le reste de 20000 frans qui lui avoient esté promis, pour certaines causes; lequel voiage il fist entre le vi⁰ jour d'avril ccclxix et le iiii⁰ jour de may ccclxx ensuivant, si comme plus à plain est contenu et peut apparoir, par cédule de la Chambre des généraux conseilliers sur le fait de la guerre, pour ce, par lad. cédule, mandement desd. généraulx conseilliers et quittance dud. messire Ferry donné (le) xviii⁰ jour de juillet ccclxx, rendus à court. . . . . 36 » »

2. A Estienne Muete, Nicolas Bataille et Henry Hardy, jadis fermiers de l'imposicion de la tapisserie de Paris en l'an (mccc) lxiii, pour deniers à euls deuz, par certainne composicion faicte à euls par le gens du roy, nostre seigneur, pour ce qui leur povoit estre deu, pour cause de l'imposicion, de certainne quantité de tapisserie que monseigneur le duc d'Anjou avoit lors achetée, en lad. ville de Paris, de certainnes personnes, par tele maniere qu'il les devoit acquiter de lad. imposicion, laquele appartenoit ausd. fermiers, pour ce, par mandement du roy, nostre seigneur, donné (le) vi⁰ jour de janvier ccclxiiii, et mandement des généraulx conseilliers sur le fait de la guerre, donné le xxiii⁰ jour de juil-

let ccclxx, non obstant que led. mandement du roy ne soit fait du temps que
led. Jehan le Mire estoit receveur, et
quittance desd. fermiers donnée (le)
IIᵉ jour d'aoust cccxx, tout rendu à
court[1]...........................   50   » »

3. A Girart Billon, fermier de l'imposicion du blé et tout grain de la ville
de Paris, pour l'année fenie (le) XVIᵉ jour
d'aoust cccxx, pour deniers à lui deduiz et rabatuz de et sur ce qu'il povoit
devoir de lad. ferme pour ce qui lui
povoit estre deu à cause de l'imposicion
de la vente de certains grains que les
gens messire Hue de Chasteillon, maistre
des arbalestriers de France, prisonnier
en Angleterre, avoient venduz à Paris,
qui estoient aud. messire Hue et créuz
en ses terres de Champaigne, laquele
imposicion le roy, nostre seigneur, par
ses lettres, données (le) XIIᵉ jour de juillet cccxx, lui avoit donné et quitté,
pour certainnes causes, contenues esd.
lettres, en déduisant aud. fermier tout ce
qui lui en povoit estre deu, jusques à la
somme de 100 francz, lesquelx led. fermier a deduiz et rabattuz aud. messire
Hue de ce qu'il lui povoit devoir, pour
cause de lad. imposicion, si comme, par

[1] La marge : « Remissio. »

lettre d'icellui messire Hue, peut apparoir pour ce que par lesd. lettres, mandement des généraulx conseilliers sur le fait
de la guerre données (le) viiie jour d'aoust
ccclxx, et quittance dud. fermier donnée
(le) iiiie jour de septembre ensuivant
rendue à court[1].   100   »   »

4. A Louys Damillis, varlet tranchant
du roy, nostre seigneur, pour don à lui
fait par le roy nostred. seigneur et par
ses lettres données le xxxe jour d'aoust
ccclxx pour acheter un cheval, pour lui
monter, nonobstant autres dons ou graces
à lui autres foiz faiz ; pour ce, par lesd.
lettres et quittance dud. Loys donnée
soulz son séel, (le) premier jour de sep-
tembre ensuivant[2].   60   »   »

5. A Pierre Chapelu, changeur et bourgois de Paris, pour deniers en quoy le
roy, nostre seigneur, lui estoit tenuz,
pour les choses qui s'ensuivent prises et
achetées de lui, pour led. seigneur, c'est
assavoir, pour un hanap à trépié, semé
de testes et d'esmaulx et une chopine
pareille, pesant 16 mars 6 onces et 10 esterlins, d'argent à 11 frans le marc
184 frans et 13 s. p. et pour une ai-

---

[1] En marge : « Pro dono facto domino Hugoni de Castellione, » et au-
dessous : « Remissio. »
[2] En marge : « Donum per litteras regis, sua propria manu et anulo suo
« signatas »

guiere, pesant 2 mars 10 esterlins d'argent, à 9 frans le marc 18 frans 9 s. p.
lesqueles choses le roy a données aus bourgois d'Abbeville; pour ce, par mande-
ment dud. seigneur, donné (le) xiie jour
de may ccclxx, mandement desd. géné-
raulx conseilliers donné (le) xxiiiie jour
de juillet et quittance dud. Pierre donnée
(le) vi^e jour de mars ensuivant tout rendu
à court[1].   203   ½   »

6. A Nicolas Quesnel, marchant et
bourgois de Paris, pour deniers à lui
deuz, lesquelx il avoit prestez au roy,
nostre seigneur, pour la paie d'un homme
d'armes, pour vi sepmaines, pour enfor-
cier de gens d'armes monseigneur le con-
nestable, si comme, par lettre de Jehan
Gencien, receveur desd. empruns, peut
apparoir, pour ce, par ce mandement
desd. généraulx conseilliers donne xv^e
et quittance de Girart Quesnel, filz et
procureur dud. Nicolas, donnée xxiii^e
jour d'avril ccclxx.   22   ½ ?   »

7. A Jehan de Bruges, chevaucheur
du roy, nostre seigneur, pour avoir porté
hastivement certainnes lettres closes du
roy, nostred. seigneur, adreçans à l'ami-
ral de la mer et à messire Pierre de Vil-
liers, chevalier, grant maistre d'ostel du

[1] En marge : « Argenteria »
[2] En marge : « Cordal. »

Fr. 1•2 1•

roy, lors estans à Harefleu, par quittance donnée premier jour d'aoust ccclxx.   6   »   »

8. A Michelet Nicole, messagier, pour avoir porté hastivement, jour et nuit, certainnes lettres closes du roy, nostre seigneur, adreçans à messire Nicolas Braque, chevalier, à sire Jehan d'Orliens, estans lors à Harefleu, par quittance dud. Michelet, donnée xxviiie jour de juillet ccclx et dix...........................   4   »   »

9. Aud. Michelet, pour avoir porté certaimnes lettres closes des généraulx conseilliers, à Paris, sur le fait des aides pour la guerre, au receveur sur led. fait, es cité et diocese de Lengres, par quictance dud. Michelet, donnée xxiie de juillet ccclxx [1].....................   4   »   »

Summa 486 fr. valencium.........   388ˡ 16ˢ »

CHAPITRE IV.

AUTRE DESPENSE.

§ 1ᵉʳ.

A Pierre de Soissons, clerc de l'armée de la mer, pour le roy, nostre sei-

---

[1] En marge ces mots : « Noncii missi » qui s'appliquent aux trois articles précédents.

Liv. par.   S. D.

gneur[1], pour deniers à lui ordennez estre bailliez et lesquielx sire Berthelemi Spifame, bourgois de Paris, lui fist bailler et rendre, en la ville d'Avignon, par Jehan Spifame, son facteur illec, pour yceuls deniers tourner et convertir au paiement des arbalestriers, mariniers et autres officiers de gallées venuz des parties de Jaune (Gennes), ou service du roy, nostre seigneur, pour le fait de lad. armée, pour ce, par mandement du roy, nostred. seigneur, donné le xxiii° jour de may l'an mccclxx et par quittance dud. Pierre, donnée le iiii° jour de juing ensuivant 6000 fr.[2] valent..................... 4800   »   »

§ 2.

A Robert de Moncy[3], lequel avoit mis une fole enchière de 40 l. p. sur l'imposicion de l'orfaverie de Paris, de l'année commençant xvii° jour d'aoust l'an mccclxix, et, pour ce qu'il n'avoit peu aplégier lad. ferme, il fu chargié de paier lad. fole enchière et en fu chargié led. Jehan le Mire de la recevoir dud. Robert, laquele fole enchière fu quittée,

[1] En marge : « Cordat in compoto dicti Petri.
[2] En marge : « Dicti 6000 Francorum redduntur per compotum dicti Petri finitum ad primam januarii ccclxx° et ibi corrigatur. »
[3] En marge : « Remissio. »

Liv. par.   S. D.

remise et donnée, par le roy, nostre seigneur, and. Robert pour certainnes
causes, pour ce, par lettres du roy, nostre
seigneur, données le second jour d'avril
ccclxx, vérifiées par lesd. généraulx conseilliers, et par lettres dud. Robert don-
nées xvie jour de juillet ccclxxi........   40   » »

    Summa........................   4840   » »

CHAPITRE V.

AUTRE DESPENSE, A CAUSE DU TIERS DE TOUTES LES AIDES
ET IMPOSICIONS QUI, EN LA VILLE, PRÉVOSTÉ, VICONTÉ
ET DIOCÈSE DE PARIS, ONT ET AURONT COURS, POUR
UN AN, COMMENÇANT XXI DE FEVRIER CCCLXIX, QUE
LE ROY, NOSTRE SEIGNEUR, A OCTROYÉ AUS PRÉVOST
DES MARCHANDS ET ESCHEVINS DE LAD. VILLE PRENRE
ET AVOIR, EN LA FOURME ET MANIÈRE ET TOUT AUSSI
COMME IL ONT FAIT LE TEMPS PASSÉ, EXCEPTÉ QUE
DES AIDES ORDENNÉES SUR LE VIN, IL NE PRENDRONT
OU AURONT FORS QUE LA VIe PARTIE SEULEMENT,
POUR TOURNER ET CONVERTIR ES FRAIZ, MISES ET
DESPENS QU'IL LEUR A CONVENU FAIRE NECCESSAIRE-
MENT, TANT POUR LA FORTIFICACION DE LAD. VILLE
DE PARIS COMME AUTREMENT, SI COMME PLUS PLENE-
MENT EST CONTENU ES LETTRES DU ROY, NOSTRE
SEIGNEUR, SUR CE FAICTES, RENDUES SUR LE COMPTE
DE JEHAN GENCIEN, RECEVEUR DESD. AIDES, PAR
LED. JEHAN LE MIRE, DESQUELES LE VIDIMUS, AVEC
MANDEMENT DES GÉNÉRAULX CONSEILLIÉRS SUR LED.

FAIT, ESCRIPT AU DOS, SOUBZ LEURS SIGNEZ, LE
XXIIe JOUR DE MAY CCCLXX, EST CI RENDU A COURT.

§ 1er.

*Deniers bailliez pour lad. ville, par mandemens des
prévost des marchans et eschevins de lad. ville de
Paris; c'est assavoir :*

	Liv. par.	S.	D.
1. (A) Symon Gauchier, paieur des œuvres de lad. ville de Paris, pour convertir esd. œuvres, par mandement desd. prévost des marchans et eschevins, donné xxvie jour de may ccclxx et lettre de recognoissance dud. Symon donnée led. jour................................	350	»	»
2. *Id.* premier jour de juing......	300[1]	»	»
3. *Id.* ixe jour de juing...........	300	»	»
4. *Id.* xvie dud. mois...........	300	»	»
5. *Id.* xxiiie jour dud. mois.......	300	»	»
6. *Id.* derrenier jour dud. mois....	250	»	»
7. *Id.* derrenier jour de juing.....	1643	5	2
8. *Id.* vii^e jour de juillet.........	300	»	»
9. *Id.* xiii^e jour de juillet........	300	«	»
10. *Id.* xxi^e jour dud. mois........	300[2]	»	»
11. *Id.* xxviii^e jour de juillet.......	226	15	»
12. *Id.* iiii^e jour d'aoust...........	245	8	»

[1] Au sujet de ces deux articles, on lit en marge : «Cordant in compoto
« dicti Symonis, dum computaverit alias super ipsum. »

[2] A propos des dix premiers articles, on lit, par deux fois, en marge,
« Iste decem partes redduntur per compotum dicti Symonis Gauchier de
« dictis operibus, factum xxvi^{da} junii ccclxxi^o, et ibi corrigetur. »

	Liv. par.	S.	D.
13. *Id.* xie jour dud. mois.........	235	14	1
14. *Id.* xviiie jour dud. mois.......	314	12	4
15. *Id.* xxve jour dud. mois........	360	10	9
16. *Id.* xxe jour d'octobre.........	88	»	»
17. *Id.* xxviie jour d'octobre.......	60	»	»
18. *Id.* xve jour de décembre.......	80	»	»
19. *Id.* xxve et xxxe jour de mars...	100	»	»
20. *Id.* xxiiie jour d'avril.........	80	»	»

21. A Jehan Marquier, paieur desd.
œuvres ou lieu dud. Symon, par mandemens desd. prévost et eschevins donné
iii et iiiie jour d'aoust. 100 fr. valent..

	80[1]	»	»
Summa.......................	6214	5	4

§ 2.

1. A Jehan le Bouchier, paieur des
œuvres de la bastide Saint-Denis et des
chauciées de lad. ville de Paris, pour
tourner et convertir esd. œuvres,
xxvie jour de may ccclxx...........

	100	»	»
2. *Id.* iie jour de juing...........	100	»	»
3. *Id.* ixe jour dud. mois.........	100	»	»
4. *Id.* xvie dud. mois...........	100	»	»
5. *Id.* xxiiie jour dud. mois.......	100	»	»

6. *Id.* penultième et dernier jour de
juing.....................

	832	6	8

---

[1] Au sujet de cet article 21, on lit en marge « Cordat, » et plus bas :
« Redduntur dicte 80 l. p. per compotum Johannis Marquier de dictis ope-
« ribus, finitum ad (diem) vigesimam nonam maii, mccclxxiii, et ibi cor-
« rigetur. »

		Liv. par.	S.	D.
7.	*Id.* derrenier jour dud. mois....	121	»	»
8.	*Id.* vii[e] jour de julet..........	109	»	»
9.	*Id.* xiiie jour dud. mois.......	100	»	»
10	*Id.* xxie jour dud. mois........	138	»	»
11.	*Id.* xxviiie jour dud. mois......	110	»	»
12.	*Id.* iiiie jour d'aoust..........	144	10	»
13.	*Id.* xie jour dud. mois........	88	10[1]	»
	Summa......................	2142	6	8

§ 3.

Autres deniers paiéz, de et sur le tiers denier desd.
aides, appartenans à lad. ville, aus personnes et
pour les causes qui s'ensuivent[2].

1. A Jacques le Roy, ordené lieutenant de sire Hugues Aubriot, prévost et
capitaine de la ville de Paris, sur le
fait des œuvres de lad. ville, par lettres
du roy, nostre seigneur, données le
xxe jour de septembre ccclxviii, rendu
à court, sur le compte de J. Gencien,
receveur desd. aides, par avant led.
J. le Mire, desqueles le vidimus est ci
rendu à court, faisant mencion que le
roy commettoit et establissoit led. le Roy,

---

[1] On lit en marge « Cordat, » et plus bas : « Omnes partes istius capituli
« redduntur per compotum, Johannis le Bouchier, finitum ad xiiii[am] sep-
« tembris ccclxxi[o].
[2] On lit en marge : « Loquatur. »

aux gaiges de 1 franc d'or, par jour, à
prenre et avoir sur led. tiers deniers,
lesquielx il a euz et prinz, jusques au
xvie jour de mars ccclxix, qu'il fu ordenné, par lesd. prévost et eschevins de
lad. ville, qu'il n'auroit et prenroit que
12 s. p. de gaiges, par jour, depuis le
i^{er} jour de may ccclxx, mandement desd.
prévost et eschevins du viiie et quittance
dud. le Roy du xve de juing.   24   »   »

2. A frère Guillaume Belot, ordenné
et commis ja pièc'a, par lesd. prévost et
eschevins, chapellain des marchans et
habitans de la ville de Paris, pour chan-
ter et célébrer, chascun jour, en saincte
église, une messe pour lesd. marchans,
habitans et bienvueillans d'icelle, aus
gaiges de 4 l. 10 s. p. par mois, pour
sesd. gaiges deserviz et à deservir es
mois de may et juing ccclxx, mandement du xvii dud. mois de juing, ci retenu, et sert ci après, sur Jehan Perier et
Philippe Falvise, et quittance dud. jour.   9   »   »

3. Pour sesd. gaiges deserviz et à
deservir, es mois de julet et aoust,
quittance du xxvie jour d'aoust.   9   »   »

4. A J. Perier et J. de la Marete,
pour leurs gaiges à euls ordennez de
10 s. p., par mois, déserviz et à déservir
es mois de may, juing, juillet et aousl,
pour alumer et euls prendre garde de la-

chandoile de lad. ville de Paris, estant
devant nostre Dame, en l'église d'icelle,
par led. mandement, retenu ci dessus sur
led. frère Guillaume Belot et quittance
du xviie jour dud. mois d'aoust........   » 40 »

5. A J. de Laigny, ja pièc'a, commis
et estably, par les mêmes, garde de
la bastide Saint-Anthoine[1], aux gaiges
de 4 frans d'or, par mois, avecques et
oultre 18 l. p. qu'il prent, chascun an, de
gaiges pour lad. garde, pour ce que, plusieurs jours et souvent, le roy et la royne
sont au bois de Vinciennes, parquoy il est
de nécessité qu'il ait bonne et seure
garde, pour ouvrir les portes et avaler
les pons de lad. bastide, par jour et par
nuit, aus gens dud. seigneur, toutesfoiz
que mestier est, mandement du i^{er} et
quittance du xxve jour dud. mois de
juing............................   8 f. d'or.

6. Pour sesd. gaiges déserviz, en lad.
garde, ou mois de juillet, quittance du
iie jour d'aoust...................   4 f. d'or.

7. Pour *idem*, pour le mois d'aoust,
quittance du iiie jour de septembre....   4 f. d'or.

8. A J. de la Tuille, n'a gaires
clerc de la capitainerie de la ville de
Paris, pour la paine et salaire d'avoir

---

[1] On dit généralement que la première pierre de la Bastille fut posée, en
1375, par Hugues Aubriot. On voit, par ce passage, qu'avant cette époque,
elle étoit achevée de bâtir, et même depuis longtemps, *ja pièc'a.*

déservi l'office de lad. clergie, à faire et
faire faire les cédules ou passe-portes de
lad. ville et de escrire et mettre, en
fourme et ordenance, les papiers et registres de lad. capitainerie, depuis la
Tous-saints ccclxix jusques au xxviiie jour
de juing ccclxx, mandement du xxviii^e
et quittance du xxixe jour de juing.....   50 f. d'or.

9. A J. de Bonnes, eschevin de la
ville de Paris, pour don à lui fait, ceste
foys, de grace espécial, par le roy,
à prenre sur led. tiers denier appartenant à lad. ville, pour la restitu-
cion de un cheval que il avoit eu mort,
en certain voiage, par lui fait, du commandement dud. seigneur, avec et en
la compaigne du prévost de Paris', pour
la visitation et garde des pons et pas-
sages de Charenton, Saint-Cloust et
Poissy, par mandement du roy du vi^e jour
de juillet ccclxx, mandement et quittance
du viiie jour de juillet dessusd........   45 f. d'or.

10. Au prieur et couvent des frères
prescheurs de Paris, pour don à euls
fait, ceste foiz, de grace espécial, par le
roy, nostre seigneur, en recompensacion
et (des) pertes que il avoit euz, à cause de
la destruction de certainnes maisons et
conduiz, par où leurs eaues soloient avoir
leurs agouz, es fossez de Paris, et pour
faire maçonner une certaine fosse en

Liv. par.   S. D.

leurd. hostel en laquele yront et descen-
dront touz leurs agouz , par mandement
du roy du xxiiᵉ jour de julet ccclxx ,
mandement du xxᵉ et quittance du xxiᵉ
dud. mois de julet.   100   »   »

11. A Jacquemart de Grige, retenu,
commis et establi, par lesd. prévost et
eschevins, contrerolleur du paieur des
œuvres de lad. ville, dès le xviiiᵉ jour
de mars ccclxix, aux gaiges de 40 frans
d'or par an , sur sesd. gaiges desserviz et
à desservir oud. office, depuis led. xxviiiᵉ
jour de mars, mandement du xiiᵉ et quit-
tance du xxviiiᵉ jour de julet. . . . .   15 f. d'or.

12. A seur Agnès la Chevrelle, hum-
ble abéesse des Sereurs Meneurs de l'Umi-
lité nostre Dame de Long-Champt, em-
près Saint-Cloust , qui deuz lui estoient
pour les termes de Pasques et Saint-
Jehan ccclxx, à cause de certain crois
de cens ou rente que elle prent, chascun
an , en et sur la maison de la ville, séant
en grève , à Paris, mandement du viiiᵉ
jour d'aoust, ci retenu, et sert cy après
sur Guillaume de Lorris[1] , prestre, et
frere Ligier Chetal, et quittance du xxiiᵉ
jour de julet., ...   » 55 10

13. A messire Guillaume de Lorriz ,
prestre chapellain de la chapelle Saint-

[1] Voy. les deux nᵒˢ suivants.

Jehan et Sainte-Agnès, fondée en l'église
de nostre Dame de Paris, qui deuz lui
estoient, pour le terme de la Saint-Jehan
ccclxx, à cause de 12 l. p. de rente qu'il
prent, chascun an, pour raison de lad.
chapelle, sur lad. maison de la ville, qui
jadis fu au dalphin de Viennois, mandement ci dessus et quittance du xxiii^e
jour de julet.......................   » 60 »

14. A frère Ligier Chetal, soubz-
chambrier de Saint-Victor-lez-Paris, qui
deuz lui estoient pour les termes de
Pasques et Saint-Jehan ccclxx, à cause
de 7 l. 3 s. p. de rente qu'il prent par
an sur lad. maison, mandement susd. et
quittance du xe jour de septembre.....   » 71 6

15. A P. Henry Pionnier, sergent
à verge du roy, ou chastelet de Paris
et garde des fossez et autres fossez de la
ville de Paris, pour ses gaiges déserviz
et à déservir en lad. garde, es mois de
janvier, février, mars ccclxix, avril,
may, juing, julet, aoust et septembre
ensuivant, c'est assavoir du 1er jour de
janvier jusques au xviie jour de mars
ensuivant, où il a lxxvi jours, au fuer
de 2 s. 6 d. p. de gaiges, par jour,
9 l. 10 s. p., et, pour le demourant où
il a ix^{xx}xvii jours, au fuer de 18 d. p.
de gaiges, par jour, car il lui furent
ainsi ordennez et diminuez, par l'or-

Liv par.   S. D.

dennance du prévost de Paris, 14 l. 15 s.
6 d. p., mandement du ixe et quittance
du xe jour d'aoust................................ 24 5 6

16. A sire Hugues Aubriot, prévost
et garde et capitaine de la ville de Paris,
aus gaiges de 600 l. p., par an, à lui
ordennez, par le roy et par ses lettres du
iiie jour d'octobre ccclxix, desqueles le
vidimus est ci rendu à court, à prenre et
avoir sur led. tiers denier appartenant à
lad. ville, sur sesd. gaiges, déserviz et à
déservir oud. office de capitaine, mande-
ment du xiiiie et quittances des xxiiii^e
jour d'aoust, viiie de septembre et xxvi^e
jours de novembre........................ 360 f. d'or.

17. A frère P. de Laon, chevecier
de l'église de Saint-Magloire de Paris,
pour bailler et distribuer aux sonneurs
qui sonnent la grant cloche de lad. église,
deux foiz le jour, au matin et au soir,
pour l'ordenance du guet de la ville de
Paris au fuer de 40 s. p. de gaiges pour
mois pour leursd. gaiges déserviz et à déservir pour vi mois, c'est assavoir avril,
may, juing, julet, aoust et septembre
ccclxx, mandement du i^{er} et quittance
du iie jour du mois de septembre...... 12   » »

18. A J. de Dissi dit Moreau, escuier
d'escuierie du roy, capitaine de la ville
de Corbueil, aux gaiges de 300 l. p. à lui
ordennez prenre et avoir, pour lui et un

Liv. par.   S. D.

autre escuier en sa compaignie, pour un
an, commenceant le xxvie jour de julet
ccclxx, à paier de deux mois en deux
mois, 50 l. p. sur led. tiers deniers desd.
aides, octroié à lad. ville de Paris, sur
sesd. gaiges déserviz, à cause de lad. capitainerie, mandement du derrenier jour
dud. mois de juillet et quittance du derrenier jour de septembre............   50[1] » »

    Summa......................   239 12 10

    Et 486 francorum valencium.......   388 16 »

    Summa istarum duarum parcium....   628 8 10

§ 4.

A J. le Mire, receveur desd. aides,
pour ses gaiges déserviz oud. office, depuis le xxe jour de may ccclxx jusques
au iiie jour de septembre ensuivant, par
cv jours, au fuer de 160 l. p. qui font
par jour 8 s. 9 d. poitevine. p., pour ce[2].   46 » 6

    Summa per se................   46 » 6

---

[1] On lit en marge : « Pro duobus mensibus sibi finitis ad xxvi^m septem-
« bris ccclxx, et residuum habuit per compotum N. de Malo-Respectu, vi-
« delicet pro anno finito ad xxvi juillet ccclxxi^o. »

[2] En marge : « Capit eciam inferius in fine, post clausuram hujusmodi
« compoti, pro tempore quo vacavit ad recipiendum arreragia debita de dicto
« facto, super villam 40 l. p., et super regem 100 l. p. » Voy. ch. ix.

CHAPITRE VI.

AUTRE DESPENSE FAITE DESD. AIDES, TANT POUR LE ROY
COMME POUR LAD. VILLE DE PARIS.

§ *unique.*

Dons et loages d'ostelz et despense pour le Lendit.

                                     Liv. par. S. D.

1. Aux habitans de Braye-Conte-Robert, ville fermée, pour don à euls fait
par le roy et par ses lettres, données le
vᵉ jour de novembre cccLxix, de deux
deniers prenre et avoir en et sur xii. deniers pour livre de l'imposicion de toutes
denrées vendues et à vendre, en lad. ville
de Braye, pour un an, commençant le
viiᵉ jour de septembre cccLxix, rabatu
mises, frais, dons et remissions faiz, sur
ce, par le roy, et pertes, par deffaut de
applegemens, pour tourner et convertir
tant en la garde et fortificacion de lad.
ville comme pour plusieurs autres choses
nécessaires à ycelle, laquele imposicion
monte en tout, pour led. an, 435 l. p.,
dont chiet pour une enchière de 15 l.,
75 s., pour gaiges et autres despens, 15 l.,
demeure 416 l. 5 s., valant le 6ᵉ appartenant à lad. ville, 69 l. 7 s. 6 d., pour
ce, par lesd. lettres, mandemens des

généraulx conseillers, sur le fait de la
guerre, et des esleuz, à Paris, sur le fait
desd. aides, et par deux lettres de recognoissance de Lyenart Escuier, et J. le
Cousturier, ou nom et comme procureur desd. habitans, données xixᵉ jour
de juing ccclxx et xiiᵉ jour de septembre
ensuivant, tout rendu à court........   69 7 6

2. A frère P. Phelipeaux, prieur de
Saint-Eloy de Paris, pour deniers à lui
ordennez estre bailliez, pour cause du
loage d'une alée et chambre de derrière,
tenue et occuppée, oud. hostel, pour le
bail et fait desd. imposicions et autres
aides, pour un an, commençant 1ᵉʳ jour
d'octobre ccclxix et fini derrenier jour
de septembre ccclxx, par mandement
des esleus à Paris sur le fait desd. aides,
donné xiiᵉ jour de juillet ccclxx et quittance dud. frère Pierre donnée xxixᵉ jour
dud. mois......................   8 » »

3. Pour deniers bailliez par les fermiers de l'imposicion des chevaux de la
foire du Lendit, pour la despense faite
par les esleuz et commissaires sur le fait
des imposicions et autres aides de la ville
et diocèse de Paris, durant lad. foire, en
baillant les marchiez d'icelle et faisant le
fait de leur office, lesquielx deniers furent
rabatuz ausd. fermiers, par led. J. le
Mire, par mandement de mes seigneurs

	Liv. par.	S. D.

les généraulx conseillers sur le fait de la
guerre, donné xiiie jour de septembre
ccclxx, rendu à court avecques le roulle
de lad. despense. Pour ce............ 150   4 4

Summa...................... 227 11 10

CHAPITRE VII.

AUTRE DESPENSE, POUR CAUSE DES ENCHIÈRES MISES SUR
LES MARCHIEZ ET FERMES DESD. IMPOSICIONS ET AUTRES
AIDES DEUES ET PAIÉES, PAR MANDEMENT DES GÉNÉ-
RAULX CONSEILLERS A PARIS SUR LE FAIT DESD. AIDES,
DONNÉ XVIIe JOUR DE JUILLET CCCLXX, CI RETENU, ET,
SELON CE QUE CONTENU EST ES CÉDULES OU ESCROES
SUR CE FAICTES DES ESLEUZ ET COMMIS A PARIS SUR
LED. FAIT, AUS PERSONNES ET PAR LA MANIÈRE QUI
S'ENSUIT [1].

§ unique.

1. A Guillaume Collemare, pour le
quart d'une enchière de 30 l. p., par
Estienne Boquennete, sur l'imposicion
des draps à détail, venduz ou champs du
Lendit, ccclxx, si comme il appert par
cédule desd. esleuz pour ce, par quittance dud. Guillaume donnée vi^e jour de
juillet ensuivant.................... 7 10 »

---

[1] On lit en marge : « Collacio istarum incheriarum facta fuit cum libro
tradicionum firmarum. »

Liv. par.   S. D.

2. A P. de Tournay, pour *idem* de
26 l. par Nicolas de Souppy sur l'imposicion de l'aumaille et autres bestes à
piez fourchiéz venduz oud. Lendit ,
quittance du xxviie jour de juillet.....   6 10 »

3. A J. Fauvel, pour *idem* de 10 l.,
par Guillaume le Bourgongnon sur l'imposicion des toiles dud. Lendit, quittance
du xviie jour de juillet..............   » 50 »

4. A Rogier Sanson, pour *idem* de
70 l. p., par Guillaume le Bourgongnon
sur l'imposicion des boursiers, mégissiers
et laines de la ville de Paris de l'an lxix,
quittance du xxiiie jour de juillet.....   17 10 »

5. A Guillaume le Bourgongnon, pour
le quart de cinq enchières montans à la
somme de 150 l. 8 s. p. mises sur lui, en
la manière qui s'ensuit ; cest assavoir une
de 26 l., par Pierre de Tournay sur l'imposicion des bestes à pié fourchié du
Lendit, ccclxx ; la seconde de 28 l., par
Pierre le Prestre, en l'imposicion des chevaux, la tierce, de 10 l., par Jehan Fauvel, en l'imposicion des toiles et chanevaz
dud. Lendit, la quarte, de 70 l. p., en
l'imposicion des boursiers et mégissiers
de Paris, de l'an feni xviie jour d'aoust
ccclxx, et la cinquiesme de 6 l. 8 s.,
par Nicolas le Tuillier en l'imposicion du
poisson de mer et d'eaue douce de Saint-
Denys, de l'an feni iiiie jour de septembre

	Liv. par.	S. D.

ensuivant, quittance du xxiiie jour de juillet.......................... 37 12 »

6. A Robert Fouet, pour le quart d'une enchière de 20 l. p., par Robert Dieux-y-voie en l'imposicion du fer et acier dud. Lendit, quittance du xxiiiie jour de juillet...................... » 100 »

7. A lui pour *idem* de 90 l. p., par Girard Billon, en l'imposicion du cordoen de la ville de Paris de l'an LXIX, quittance du xxvie jour de juillet......... 22 10 »

8. A Mangier de Cossigny, pour le quart de trois enchières de 60 l. p., par Jehan de Lyons sur l'imposicion des tisserans de Paris de l'an LXIX, quittance du viiie jour d'aoust.............. 15 » »

9. A P. le Prestre, poissonnier, demourant à Paris, pour le quart de deux enchières de 128 l. p.; c'est assavoir en l'imposicion des chevaux du Lendit CCCLXX, une enchière de 38 l. p., par George Bech, et l'autre de 90 l. p., par Jehan de Moncy, en l'imposicion du cordoen et basenne de la ville de Paris de l'an LXIX, quittance du xiie jour d'aoust......... 32 » »

10. A Philippe de Vassal, bourgois de Paris, pour le quart de quatre enchières de 930 l. p.; c'est assavoir une enchière de 110 l. p. par Morin Cachelen, en l'imposicion des draps à détail et de chaussiers de Paris. *Item*, une enchière de

440 l. p. par Gile de Roye, en l'imposicion des draps en gros, venduz à Paris.
Item, une enchiere do 300 l. p., par
Jehan de Moncy, en l'imposicion de la
grant boucherie de Paris et une autre enchière de 80 l. p. par Guil. Collemare
en l'imposicion de la pelleterie de Paris,
quittance du xiie jour d'aoust. . . . .   232 10 »

11. A Guil. des Arables, pour le
quart d'une enchière de 430 l. p., par
Philippe de Vassal, en l'imposicion du
poisson de la ville de Paris, quittance
du xiiiie jour d'aoust. . . . .   107 10 »

12. A J. Aillet, pour le quart de cinq
enchières de 65 l. 6 s. p.; c'est assavoir une enchière de 16 l. p., par Jehan
Male-Herbe, en l'imposicion des selliers,
bourreliers et lormiers de Paris. *Item,*
deux enchières de 40 l. p., l'une par lui
meismes et l'autre par Nicolas Thou-
roude, en l'imposicion du fer et acier de
Paris. *Item,* une enchière de 4 l. 10 s. p.,
par Martin Warin, en l'imposicion des
courrayers. *Item,* une enchière de 4 l.
16 s. p. par Henriet l'Alemant, en l'imposicion des tassetiers de Paris, quittance
du xiiiie jour d'aoust.   16   6   6

13. A J. de Chartres, pour le quart
d'une enchière de 80 l. p. par Girart
Billon, en l'imposicion de la pelleterie de
Paris, quittance du xviiie jour d'aoust. .   20   »   »

14. A Guil. Michiel, pour le quart de deux enchières de 42 l. 12 s. p., l'une par Richart Jumel, en l'imposicion de l'oint et suif, et l'autre par Pierre le Grant, en l'imposicion des voirres et voirrières de la ville de Paris, quittance du xxᵉ jour d'aoust................   10 13 »

15. A J. de Moncy, bourgois de Paris, pour le quart de trois enchières de 490 l. p., l'une de 100 l. p. par Guil. Feret, en l'imposicion de la mercerie, l'autre de 90 l. p. par Robert Fouet, en l'imposicion du cordoen, et l'autre de 300 l. p. par Guil. de Saint-Yon, en l'imposicion de la grant boucherie de Paris, quittance du xxiᵉ jour d'aoust...........................   122 10 »

16. A Girart Billon, bourgois de Paris, pour le quart de deux enchières de 230 l p., c'est assavoir une enchière de 150 l. p. par Nicolas le Tuillier, en l'imposicion de l'espicerie, et l'autre de 80 l. p. par Philippe de Vassal, en l'imposicion de la pelleterie de Paris, quittance du xxiiᵉ jour d'aoust..........   57 10 »

17. A Nicolas le Tuillier, bourgois de Paris, pour le quart de trois enchières de 428 l. p., c'est assavoir une enchière de 280 l. p. par Girart Billon, en l'imposicion du blé de Paris, l'autre de 130 l. p. par J. de Lengres, en l'imposicion

des chevaux, et l'autre de 18 l. p. par
Noel Baillet, en l'imposicion du poisson
d'eaue douce de la ville de Paris, quit-
tance du xxiie jour d'aoust........... 107   »   »

18. A J. de Lyons, pour le quart de
une enchière de 40 l. p. par Maugier de
Cossigny, en l'imposicion des tisserans de
Paris, quittance du xxviie jour d'aoust.. 10   »   »

19. A J. Meneur, pour *idem* de 4 l.
4 s. p. par Guil. Michiel, en l'imposicion des tonneaux wiz de Paris, quit-
tance du xxviiie jour d'aoust........ » 21 »

20. A J. Bourdon, pour *idem* de
44 s. p., par Thomassin de Nymes, en
l'imposicion de l'espicerie du Lendit
ccclxx, quittance du xxixe jour d'aoust. » 11 »

21. A P. Tiberge, pour *idem* de
200 l. p., par J. Bourgois, en l'imposicion de la busche, charbon, merrien,
foing, et feurre de Paris, quittance du
pénultième jour d'aoust............. 50   »   »

22. A J. Bourgois, pour *idem* de
200 l. p., par P. Tiberge, en l'imposicion de la busche et appartenances de
Paris de l'an lxix, quittance du derrenier
jour d'aoust.................... 50   »   »

23. A Guil. Feret, bourgois de Paris,
pour le quart de cinq enchières de
33 l. 2 s. p.; c'est assavoir une enchière de 4 l. 10 s. p., par J. Aillet, en
l'imposicion des couroiers. *Item*, une en-

Liv. par. S. D.

chière de 32 s. p., par P. le Prestre,
en l'imposicion des hanaps de madre.
Item, une enchière de 100 s. p., par
Guil. Michiel, en l'imposicion des gans
de laine. *Item*, une enchière de 10 l. p.,
par Clément le Fevre, en l'imposicion
des chappeliers, et une enchière de
12 l. p., par J. Aillet, en l'imposicion
des chauderonniers de la ville de Paris,
quittance du iiie jour de septembre.... 8 5 6

24. A J. de Dun, pour le quart d'une
enchière de 4 l. p. par Girart Billon, en
l'imposicion des doubletiers de Paris,
quittance du iiie jour de septembre... » 20 »

25. A Gile de Roye, pour *idem* de
440 l. p., par J. de Senliz, en l'imposicion des draps en gros de la ville de Paris,
quittance du iiie jour de septembre.... 110 » »

26. A J. de Crespières, pour le quart
d'une enchière de 64 s. p. par Guil.
de Gournay, en l'imposicion et vi^e de
la ville de Ermon et Sernay, quittance
du xve jour de septembre........... » 16 »

27. A Pierre l'Apostre, pour *idem* de
4 l. p. par Girart Billon, en l'imposicion
des doubletiers de Paris, quittance du
xxie jour de septembre............. » 20 »

28. A Pierre Maingot, pour *idem* de
10 l. p., par lui meismes, en l'imposicion et vi^e de la ville de Noisy et Bry,
quittance du xxviiie jour de septembre.. » 50 »

29. A Jaquet Fauquet, pour *idem* de
18 l. p., par J. Collette, en l'imposicion
et vi⁹ de la chastellenie de Torcy, quittance du vi⁹ jour d'octobre..........   4 10 »

30. A Morin Cacheleu, pour *idem* de
110 l. p., par J. de Senliz, en l'imposicion des draps à détail de la ville de
Paris, quittance du xv⁹ jour d'octobre..   27 10 »

31. A Nicolas le Tuillier, pour *idem* de
6 l. 8 s. p. par Guil. le Bourgongnon,
en l'imposicion du poisson de mer et
d'eaue doulce de Saint-Denys, quittance
du xxvii⁹ jour d'octobre.............   » 32 »

32 A J. Collette, pour *idem* de 18 l.
p., par J. Fauquet, en l'imposicion de
la chastellenie de Torcy, quittance du
xxv⁹ jour d'octobre...............   4 10 »

33. A Ferry Collechon, pour *idem*
de 24 l. p., par J. Touppet, en l'imposicion et vi⁹ de la ville de Thiais,
quittance du derrenier jour d'octobre...   6 » »

34. A Regnault de Braiban, pour *idem*
de 15 l. p., par Symon Brugevin, en
l'imposicion du blé et tout grain de Braye-
Conte-Robert, quittance du xvi⁹ jour de
novembre.......................   » 75 »

35. A Richart Jumel, pour le quart
de trois enchières de 16 l. 4 s. p.; cest
assavoir une enchière de 64 s. p., par
Geuffroy de la Douyère, en l'imposicion
des poz de terre de Paris. *Item*, une en-

Liv. par. S. D

chière de 6 l. p., par Jacquemart du Croq,
en l'imposicion de la boucherie Saint-
Denys, et une enchière de 7 l. p. par Jaquet le Fevre, en l'imposicion de l'uille
et regraterie de Saint-Denys, vi^e jour de
décembre.......................... 4 12 »

Summa dictarum incheriarum....... 1107 3 »

CHAPITRE VIII.

AUTRE DESPENSE, A CAUSE DES RABAZ FAIT AUS FERMIERS
DU 6e DU VIN DE LA PRÉVOSTÉ, VICONTÉ ET DIOCÈSE
DE PARIS, EN L'AN LXIX ; C'EST ASSAVOIR QUE, POUR CE
QUE LED. 6e DU VIN, QUI LEUR AVOIT ESTÉ BAILLIÉ A
CUILLIR ET LEVER JUSQUES A UN AN, N'OT COURS QUE
JUSQUES AU PREMIER JOUR DE MARS CCCLXIX ENSUIVANT,
ET FU, PAR ORDENNANCE DU ROY, NOSTRE SEIGNEUR,
ET DE NOS SEIGNEURS LES GÉNÉRAULX CONSEILLERS SUR
LE FAIT DE LA GUERRE, YCELLUI 6e MIS ET RAMENÉ A
13e, IL FU ORDENNÉ, PAR NOSD. SEIGNEURS LES
GÉNÉRAULX, QUE DE TOUS LES VINZ VENDUZ, DEPUIS
LED. PREMIER JOUR DE MARS, DONT IL APPAROIT, PAR
LETTRES DE CERTIFICACION DES JUSTICES, MAIRES,
PRÉVOS OU TABELLIONS DES VILLES ET LIEUX DE LAD.
VICONTÉ ET DIOCÈSE, OU LESD. VINS AUROIENT ESTÉ
VENDUZ, SEROIT RABATU, AUS FERMIERS, CE QUE LED.
13e VAUDROIT MOINS DUD. 6e, SE IL FUST COURU
TOUT SON TEMPS, SI COMME IL APPERT, PAR LETTRES DE
NOSD. SEIGNEURS, RENDUES A COURT ; ET EST ASSAVOIR

QUE LED. RECEVEUR N'A PAS RABATU A PLUSIEURS
DESD. FERMIERS TOUT CE QU'IL LEUR POUVOIT APPAR-
TENIR , SELON LA CERTIFICACION QU'IL ONT BAILLIÉE ;
MAIS LEUR A RABATU TANT SEULEMENT CE QU'IL
POVOIENT DEVOIR DE LEURS FERMES PAR LA MANIÈRE
QUI S'ENSUIT [1].

§ 1er.

*Et premièrement des villes de la prévosté de Paris ,
pour l'an commençant le* XVIIIe *jour d'aoust*
CCCLXIX.

Liv. par. S. D.

1. A Robert Pierre, fermier de l'imposicion et VIe de Vaugirart, pour l'an
dessusd., lesquelx lui ont esté rabatuz sur
ce qu'il povoit devoir, à cause de lad.
ferme, de et sur la somme de 15 l. 2 s.
8 d. p. qui lui pouvoit appartenir, pour
le VIe de 90 l. 16 s. p. que montent les
vinz venduz en lad. ville, depuis le
premier jour de mars CCCLXIX jusques au
XVIIIe jour d'aoust ensuivant, si comme
il appert, par lettres de certificacion faicte
sur ce, soubz le séel de Chastellet de
Paris, pour ce, par lesd. lettres et recognoissance dud. fermier donnée le IIIe

---

[1] Comme, dans ce chapitre, les articles ont tous la même forme, après
avoir reproduit le premier en entier, je me suis borné, pour les autres, à
donner le nom de chaque fermier, et celui de la localité, le montant de ce qui
revenoit à ce fermier sur le produit du 6e, le chiffre de ce produit et la
somme qui fut réellement payée aud. fermier, somme qui s'élève à peu près
à la moitié de ce qui lui revenoit. Je dois dire cependant que j'ai eu soin
de conserver, dans les articles, tous les détails particuliers qui s'y trouvent.

	Liv. par.	S.	D.
jour de novembre cccLxx, rendue à court........................	7	12	»
2. A Jehan de Corbueil, Issy, 42 l. 4 s. p., 253 l. 4 s. p..............	21	2	»
3. A Colin Ravine de Venves, Venves, 36 l. 17 s. 4 d. p., 231 l. 4 s. p......	18	8	»
4. A Thibaut Vernon, Fontenay-lez-Baigneux, 13 l. 16 s. 8 d. p., 83 l. p...	6	13	4
5. A Jehan de l'Ourme, Baigneux, 10 l. 15 s. 4 d. p., 64 l. 12 s. p.......	»	107	8
6. A Oudin Guillée, Clamart, 34 l. 10 s. 8 d. p., 207 l. 4 s. p..........	12	»	»
7. Au même, Meudon, 28 l. 6 s. 8 d. p., 170 l. p..................	14	3	4
8. A Pierre le Fevre, Bourc-la-Royne, 110 s. 8 d. p., 33 l. 4 s. p..........	»	48	»
9. A Guillaume Pizdoé, Chastillon, 25 s. 4 d. p., 7 l. 12 s. p...........	»	12	8
10. A Jehan le Bourgongnon, Chastenay, 20 s. 4 d. p., 6 l. 2 s. p.......	»	10	»
11 A Pierre le Cointe, Voirrières, 76 s. 8 d. p., 23 l. p..............	»	38	4
12. A Pierre Bourdin, Paloisel, 23 l. 17 s. 4 d. p., 143 l. 4 s. p..........	11	»	»
13. A Gautier le Cordoennier, ou nom de lui et de Pierre Almaurry, 36 l. 12 s. 6 d. p., 219 l. 15 s. p.............	18	6	3
14. A George Beth, Vittry, 101 l. 5 s. 6 d. p., 607 l. 13 s. p..........	50	12	9
15. A Jehan Noel, Thiais, 68 l. 4 s. 8 d. p., 409 l. 8 s. p..............	33	12	»

Liv. par.   S. U.

16. A Jehan Chappuis, Ville-Neuve-
le-Roy, 23 l. 16 d. p., 138 l. 8 s. p....   6 13 4

17. A Adenette, femme de Robert de
Véelly, et Perrete de Nicole, pour et ou
nom dud. Robert, Arcueil et Cachant,
16 l. 8 s. p., 98 l. 8 s. p............   8 4 »

18. A Jacquet de l'Eaue, Gentilly,
11 l. 12 s. p., 69 l. 12 s. p..........   » 116 »

19. A Robert le Cointe, Auteuil et
Pacy, 70 l. 11 s. 4 d. p., 423 l. 8 s. p..   35 5 8

20. A Girart de Savoie, Clichi-en-la-
Garenne, 15 l. 17 s. 4 d. p., 95 l. 4 s. p.   8 » »

21. A Guillaume de Versailles, Mont-
martre et Clignencourt, 8 l. 17 s. 4 d. p.,
53 l. 4 s. p......................   4 8 »

22. A Asselin de Mante, La Chapelle-
Saint-Denys, 7 l. 13 s. 4 d. p., 46 l. p..   » 76 8

23. A Lorin Juliane, le Mesnil-Ma-
dame-Roisse, 7 l. 16 s. 8 d. p., 47 l. p..   » 70 »

24. A Pierre Almaurry, Pont de Cha-
renton, 45 l. 16 s. 8 d. p., 275 l. p.....   18 6 8

25. A Robert Blanchet, Charenton,
17 l. 17 s. p., 106 l. 16 s. p........   4 13 4

26. A Pierre Belocier, Maisons-sur-
Saine, 64 s. p., 19 l. 4 s. p.........   » 32 »

27. A Pierre Hemart, Saint-Mor,
32 l. 18 s. 8 d. p., 197 l. 12 s. p.......   17 » »

28. A Gilet Fleury, La Varenne-Sainct-
Mor, 12 l. 4 s. p., 73 l. 4 s. p ....   » 108 »

29. A Guillaume Hardy, Nogent-sur-
Marne, 29 l. 14 s. 8 d. p., 178 l. 8 s. p.   14 18 8

	liv. par.	s.	d.

30. A Guillaume le Fevre, Fontenay-
lez-le-Bois, 25 l. 6 s. p., 151 l. 16 s. p.   6 13 4

31. A Jehan Fourrellon, plège et compaignon de l'imposicion et vi^e de Rony,
19 l. 9 s. 4 d. p., 56 l. 16 s. p........   4   6 »

32. A Henry Coillart, Noisi-le-Sec,
12 l. 8 s. p., 74 l. 8 s. p............   » 112 »

33. A Symon Chappon, Le Bourgéel,
9 l. 13 s. 4 d. p., 58 l. 8 s. p........   4 17 »

34. A Jacques du Ru, plège et com-
paignon de l'imposicion et vi^e de La Court-
Neuve, sur la somme que montent les
vins qu'il a monstrez, par lettres, venduz
en lad. ville, 7 l. 14 s. p............   7 12 »

35. A Jehan de la Croix, Haubervil-
lier, 6 l. 13 s. 4 d. p., 40 l. p........   » 67 4

36. A Jehan Roussel, La Villete-Saint-
Ladre, 30 l. 5 s. 4 d. p., 181 l. 12 s. p..   15   4 »

37. A Jehan le Conte, plège et com-
paignon de l'imposicion et vi^e de la ville
de Pentin, 42 l. 12 s. p., 255 l. 12 s. p.   15 17 4

38. A Arnault le Larron, Monstereul-
lez-le-Bois, 56 l. 1 s. 8 d. p., 336 l.
12 s. p.....................   13 10 8

39. A Ferry Colichon, Baignolet,
11 l. 13 s. 4 d. p., 70 l. p..........   » 116 8

40. Au même, Charronne, 11 l.
16 d. p., 66 l. 8 s. p..............   » 104 »

41. A Guillaume Anthéaume, Fonte-
nay-lez-Louvres, 6 l. 5 s. 4 d. p., 37 l.
12 s. p......................   » 62 8

Liv. par. S. D.

42. A Adam Bouchart, Wiermes, 34 l. 2 s. 8 d. p., 204 l. 16 s. p.   17   »   »

43. A Jehan de Neuf-Moulin, Essainville, 37 s. 4 d. p., 11 l. 4 s. p. . .   » 17 4

44. A Mahiet du Bois, plège et compaignon de l'imposicion et vr de Villiers-le-Bel, 46 l. 15 s. 10 d. p., 280 l. 15 s. p.   23 » 12

45. A Jehan Petit de Montmaignie, Pierrefrite, 16 l. 18 s. 8 d. p., 101 l. 12 s. p.   8   9 4

46. A Jehan de la Ruelle, Bonueil, 10 l. p., 60 l. p. . . . .   4 16 »

47. A Jehan Noisete, Sercelles, 96 l. 15 s. 4 d. p., 580 l. 12 s. p.   43   6 8

48. A Jehan le Charron, Ferrolles, 74 s. 8 d. p., 22 l. 8 s. p. . . . .   » 37 4

Summa.   532   9 4

§ 2.

Les chastellenies de Gonnesse et de Luzarches, commençant le second jour de septembre CCCLXIX.

1. A Giles de Roye, Gonnesse, 95 l. 4 s. p., 571 l. 4 s. p. . . . .   47 12 »

2. A Pierre Flastre, Stains, 24 l. 18 s. 8 d. p., 149 l. 12 s. p. . . . .   9 12 »

3. A Robin Garnier, Armenonville, 78 s. 8 d. p., 23 l. 12 s. p. . . . .   » 40 »

4. A Jehan Jameline, Vemars, 8 l. 14 s. p., 52 l. 5 s. 4 d. p.   4   7 »

Liv. par. s. p.

5. A Guillot Caillebert, Roissi, 16 l.
10 s. 8 d. p., 99 l. 4 s. p............ 7 17 »

6. A Jehan Bourgois, Goussainville,
37 l. 12 s. p., 225 l. 12 s. p......... 17 6 8

7. A Guillot Choppin, Louvres, 12 l.
4 s. 4 d. p., 73 l. 6 s. p............. 6 2 »

8. A Thomas le Charpentier, Garges,
17 l. 16 d. p., 102 l. 8 s. p.......... 6 18 8

9. A Perrin Philipart, le Plesséiz-
soubz-Luzarches, 114 s. 8 d. p., 34 l.
8 s. p.............................. » 60 »

10. A Estienne Morise, Luzarches,
40 l. 8 s. 8 d. p., 242 l. 12 s. p....... 20 4 »

Summa....................... 124 19 4

§ 3.

La chastellenie de Montmorency, pour l'an commençant
le IIIe jour de septembre CCCLXIX.

1. A Girart Billon, Montmorency,
20 l 6 s. 8 d. p., 122 l. p.......... 10 3 4

2. A Raoul de Saint-Denys, Groslay,
28 l. 13 s. 4 d. p., 172 l. p......... 13 8 4

3. A Gaultier Jullain, plège et compaignon de l'imposicion et vie de Saint-
Brice, 11 l. 11 s. 4 d. p., 69 l. 8 s. p.. » 115 8

4. A Pierre du Fossé, Escouen, 108 s.
32 l. 8 s. p..................... » 53 4

5. A Jehan de Bruières, Domont, 4 l.
10 s. 8 d. p., 27 l. 4 s. p........... » 41 10

	Liv. par.	S.	D.
6. A Oudin Poue, Maffliers et Monsolt, 10 l. 12 s. p., 63 l. 12 s. p.	»	36	8
7. A Jehan Gaude, Saint-Leu-lez-Taverny, Tour et Monlignon, 149 l. 16 s. p., 898 l. 16 s. p.	66	14	»
8. A Guillot le Breton, Taverny, 64 l. 16 s. p., 388 l. 16 s. p.	27	»	18
9. A Girart Penne-Vaire, le Plessié-Bouchart, 42 l. 6 s. 8 d. p., 254 l. p. . .	12	»	»
10. A Pierre du Val, plège et compaignon de l'imposicion et vi^e de Franconville, 17 l. 14 s. p., 106 l. 4 s. p.	8	16	6
11. A Jehan de Villiers, fermier de l'imposicion et vi^e de Andeli et Margency, 6 l. 13 s. 4 d. p., 40 l. p.	»	26	8
12. A Raoul de Saint-Denys, Soisysoubz-Montmorency, 6 l. 9 s. 4 d. p., 38 l. 16 s. p.	»	64	8
13. A Jehan le Boucher, Dueil, 6 l. 11 s. p., 39 l. 6 s. p.	»	53	6
14. A Jehan Boutefeue, Montmaignie, 21 l. 2 s. p., 126 l. 12 s. p.	10	11	»
15. A Symon des Osches, Villeteigneuse, 109 s. 4 d. p., 32 l. 16 s. p. . . .	»	58	»
16. A Jehan Petit-Clerc, Espineul, 4 l. 13 s. 4 d. p., 28 l. p.	»	46	8
17. A Pierre Varlet, le Mesnil-Aubery, 48 s. p., 14 l. 8 s. p.	»	24	»
Summa.	174	15	8

§ 4.

*Villes venant à Villeneuve Saint-George et à Chielle,
pour l'an commençant* VIIe *jour de septembre*
CCCLXIX.

	Liv. par.	S.	D.
1. A Pierre Tiberge, Sucy et Noisiel, 38 l. p., 228 l. p.	19	»	»
2. Au même, La Queue-en-Brie, 14 l. 8 s. p., 86 l. 8 s. p.	6	8	»
3. A Jaquet Chienart, Chennevières, 23 l. 8 s. 6 d. p., 140 l. 12 s. p.	11	14	6
4. A Jehan Riau de Sernon, Senteny, 6 l. 6. s. p., 37 l. 16 s. p.	»	56	4
5. A Wyart le Carme, Anet, 16 l. 2 s. 8 d. p., 96 l. 16 s. p.	8	»	16
6. A Colin Gilet, Drouet Gilet et Thibaut Labour, Dampmart, 129 l. 19 s. 3 d. p., 779 l. 15 s. 10 d. p.	43	»	»
7. A Jehan Collette, Noisiel-sur-Marne, 11 l. 12 s. 4 d. p., 69 l. 14 s. p.	4	6	»
8. A Pierre Maingot, Noisi-le-Grant, 20 l. 8 s. p., 122 l. 8 s. p.	10	4	»
9. A Jehan le Fournier, Champigny, 50 l. 10 s. 8 d. p., 302 l. 16 s. p.	24	»	»
10. A Pierre Hemart de Saint-Mor, Villiers-sur-Marne, 46 l. 13 s. 4 d. p., 261 l. 14 s. p.	22	»	»
11. A Guillaume de Mailli, Chielle, 23 l. 4 s. p., 139 l. 4 s. p.	10	»	»
Summa.	161	10	2

§ 5.

Villes venans à Sainct-Cloust, pour l'an commençant le XVIe jour de septembre CCCLXIX.

	liv. par.	S.	D.
1. A Jaques des Essars et Pierre la Pace, plèges et compaignons du VIe du vin vendu en gros à Saint-Cloust, 26 l. 13 s. 4 d. p., 160 l. p.	13	6	8
2. A Guillaume François, *idem* de Sèvre, 6 l. 17 s. 4 d. p., 41 l. 4 s. p.. .	»	75	8
3. A Jehanne, femme feu Jehan de Rotengi, et Oudin de Rotengi, fils et héritiers et aians cause dud. feu Jehan, Rueil en Parisi, 6 l. 8 s. p., 38 l. 8 s. p.	»	66	8
4. A Robert le Comte, Marli-le-Chastel, 18 l. 10 s. 8 d. p., 111 l. 4 s. p..	9	5	4
5. A Robert Marescot, Louveciennes, 12 l. 12 s. 8 d. p., 75 l. 16 s. p.	6	6	4
6. A Aubelet de la Loge, Bougival et Challevenne, 19 l. 12 s. p., 117 l. 12 s. p.	9	16	»
7. A Jaques des Essars, Nanterre, 8 l. 16 d. p., 48 l. 8 s. p.	4	»	1
8. A Guillaume Friquet de Trappes, Saint-Germain-en-Laye, 29 l. 10 s. 8 d. 177 l. 4 s. p.	14	16	»
9. A Jehan Potier de Saint-Cloust, Suresnes, 75 l. 17 s. 4 d. p., 455 l. 4 s. p.	38	18	8
Summa.	103	11	5

§ 6.

*La Chastellenie de Corbueil, pour l'an commençant
le* XVIIe *jour de septembre* CCCLXIX.

	Liv. par.	S.	D.
1. A Pierre de l'Ospital, demourant à Ivry en Brie, plège et compaignon de l'imposicion et vi^e de Grisy, 18 l. 14 s. 8 d. p., 112 l. 8 s. p...............	8	6	8
2. A Aubery de Marisel, Attiolles, 19 l. 18 s. 8 d. p., 119 l. 12 s. p....	8	»	»
3. A Guillaume Pelet, Soisy-sur-Saine, 62 l. 12 s. 8 d. p., 375 l. 10 s. p......	30	»	»
4. A Jacquet le Barbier, Espineul et Brunay, 11 l. 6 s. p., 65 l. 16 s. p....	»	110	4
5. A Jehan Giraume, de Corbueil, Manecy et Morsanc-sur-Saine, 114 s. 8 d. p., 34 l. 8 s. p................	»	57	4
6. A Pierre de Saint-Albin, Fontenay-le-Viconte, 4 l. 3 s. 10 d. p., 25 l. 3 s. p.........................	»	42	»
7. A Pierre de l'Ospital, Songnolles et Evry-sur-Saine, 9 l. 17 s. 4 d. p., 59 l. 12 s. p.....................	4	18	8
8. A Germain Chanteleu, Grigy, 11 l. 12 s. p., 69 l. 12 s. p...............	»	116	»
9. A Jehan le Tondeur, Servon, 4 l. 4 s. 4 d. p., 26 l. 10 s. p...........	»	42	4

10. A Jaquet le Bourserot, Coms-la-

	Liv. par.	S.	D.
Ville et Villemeneur, 41 l. 17 s. 4 d. p., 251 l. 4 s. p.....................	18	»	»
11. A Bernart Gaillart, Lieusaint, 6 l. 8 s. p., 38 l. 8 s. p................	»	68	»
12. A Jehan Giraume de Corbueil, Saint-Fargéel, 7 l. 11 s. 8 d. p., 45 l. 10 s. p..........................	»	71	»
13. A Jehan de Montlehéry, Grigny, ... 16 l. 8 s. p.................	»	27	4
14. A Jehan le Bergier, Viry, 12 l. 19 s. 4 d. p., 77 l. 16 s. p...........	4	13	4
15. A Jehan Manecier, Dravel, 15 l. 6 s. 8 d. p., 92 l. p................	6	»	»
16. A Jehan Bruneau, Montgison, 14 l. 6 s. 8 d. p., 86 l. p............	7	6	8
17. A Guillaume Pelet, Ytteville, 11 l. 9 s. p., 68 l. 14 s. p...........	4	»	»
18. A Jehan le Mesnagier, Corbueil, 176 l. 10 s. 8 d. p., 1059 l. 4 s. p....	80	6	8
Summa.......................	198	6	4

§ 7.

La Chastellenie de Montjay, pour l'an commençant le XVIIIe *jour de septembre* CCCLXIX.

	Liv. par.	S.	D.
1. A Estienne le Barbier, Montjay, 20 l. 2 s. p., 120 l. 12 s. p..........	9	12	»
2. A Gilet de Rotelen, Chaillifer et Montery, 32 l. 4 s. 4 d. p., 193 l. 9 s. 7 d. p.........................	9	18	»

	Liv. par.	s.	D.
3. A Drouet Gilet, Torigny, 35 l. 9 s. 4 d. p., 212 l. 16 s. p.	16	»	»
4. A Jehanne, jadis femme de feu Jehan Robert, Précy, 16 l. 3 s. 7 d. p., 97 l. 19 d. p.	8	1	4
5. A Adam de Ville-abbé, Le Pin, 7 l. 7 s. 4 d. p., 44 l. 4 s. p.	»	71	»
6. A Guillaume le Moine, Bucy-Saint-George, 20 l. 12 s. p., 123 l. 12 s p. . .	6	16	»
Summa.	53	18	4

§ 8.

Villes venans à Argentueil, pour l'an commençant le xxiie jour de septembre ccclxix.

1. A Noel de la Ruelle, Asnières et Coulombes, 24 l. 16 s. p., 148 l. 16 s. p.	10	11	5
2. A Jehan Malart de Houlles, Houlles, 4 l. 9 s. 8 d. p., 26 l. 18. p.	»	45	»
3. A Guillaume du Bois et Jehan Dymaire, à Argentueil, plèges et compaignons du vi^e du vin, vendu en gros, en la ville d'Argentueil, 130 l. 5 d. p., 780 l. 2 s. 6 d. p.	61	4	»
4. A Huet Rose, Quarrière-Saint-Denys, 26 l. 7 s. 10 d. p., 158 l. 7 s. p. . .	4	»	»
5. A Pierre du Bois, Montesson, 32 l. 12 s. p., 195 l. 12 s. p.	15	3	4
6. A Geuffroy Chuquet, Chatou, 43 l. 5 s. 4 d. p., 259 l. 12 s. p.	15	14	8

7. A Jehan Raine de Cormeilles, Sar-
trouville, 25 l. 15 s. 8 d. p., 154 l.
14 s. p. . . . .   12 10 »

8. A Jehan de la Vicz rue d'Erbloy,
Erbloy, 51 l. 17 s. 4 d. p., 311 l. 4 s. p.   26 4 •

9. A Guillaume le Boucher de Cormeilles, Cormeilles, 99 l. 8 s. p., 596 l.
8 s. p. 46 13 4

10. A Pierre Dannery, les hostes du
chapitre de Paris à Andresy et Joy, 52 l.
12 s. p., 315 l. 12 s. p. . . . .   26 6 »

11. A Jehan Donneau, Trappes, 8 l.
2 s. 8 d. p., 48 l. 16 s. p. . . . .   4 16 »

Summa. 224 9 5

12 [1]. A Denys Durant, Gennevillier,
26 l. 6 s. 8 d. t., 158 l. t. 10 10 8

Summa. . . . .   235 » 1

§ 9.

Villes venans à Meaulx, pour l'an commençant le
IIIIe jour d'octobre CCCLXIX.

1. A Pierre Piedequin, Villenueil,
76 s. 8 d. p., 23 l. p. . . . .   » 40 »

2. A Symon Boi l'eauc, Varèdes,
10 l. p., 60 l. p. . . . .   » 100 »

---

[1] Cet article 12 a été ajouté d'une autre encre.

	Liv. par.	S.	D.
3. A Hennequin de Vaulx, Saincte-Haude, 17 l. 8 s. p., 104 l. 8 s. p.	»	66	8
4. A Guillaume Courtois, demourant à Meaulx, La Ferté-soubz-Joure, Rueil et Chamigny, 12 l. 1 s. 4 d. p., 72 l. 8 d. p.	»	64	»
5. A Symon Caoursin, Tancro et Gengnes, 10 l. 2 s. 8 d. p., 60 l. 16 s. p. .	»	75	»
6. A Thevenin Souvin, Villiers-sur-Morin, 13 l. 2 s. 10 d. p., 79 l. 14 s. p.	»	100	»
7. A Jehan Jacob, Lasselle-en-Brie, 20 l. 2 s. 8 d. p., 136 l. p.	6	»	»
8. A Regnaut le Camus, Buttières, 22 l. 4 s. p., 127 l. 4 s. p.	4	»	»
9. A Jehan Fleurie, Segy, et (à) Perrot, Paris, Boutigny, 7 l. 8 s. p., 44 l. 8 s. p.	»	58	»
10. A Jehan d'Au-Pigny, la Mairie de Moro, 18 l. p., 108 l. p.	9	»	»
11. A Guionnet Loche, Faresmoustier, 51 l. 9 s. 4 d. p., 308 l. 16 s. p.	25	14	8
Summa.	69	18	4

§ 10.

La chastellenie de Montlehéri, pour l'an commençant le vi^e jour d'octobre cccclxix, et la chastellenie de Chasteaufort, commençant le viie jour dudit mois d'octobre.

1. A Marguerite la Bergière, veuve de feu Anceau le Bergier, plège et compai-

	Liv. par.	S.	D.

gnon du viᵉ du vin vendu en gros en la ville de Montlehéry, 74 l. 15 s. 8 d. p., 448 l. 14 s. p.   36   »   »

2 A Symon Roussel, fermier de l'imposicion et viᵉ de Saint-Michiel et de Bretigny, et plège et compaignon de l'imposicion et viᵉ de Long-Pont, 25 l. 9 s. p., 152 l. 14 s. p.   12   8   »

3. A Thomin Asse, plège et compaignon de l'imposicion et viᵉ de Ver-le-Grant, 9 l. 18 s. 8 d. p., 69 l. 12 s. p.   4   19   4

4. A Jehan du Quillier, Sainct-Jehan de Leuville, 58 s. 8 d. p., 17 l. 12 s. p. .   »   32   »

5. A Jehan Huguet, plège et compaignon de l'imposicion et viᵉ de Ver-le-Petit, 7 l. 18 s. 8 d. p., 47 l. 12 s. p. . .   4   »   »

6. A Jehan Denise, fermier de l'imposicion et viᵉ d'Aurainville, 100 s. p., 30 l. p. . . . .   »   50   »

7. A Jehan Moisseau, plège de l'imposicion et viᵉ de Boissy soubz Saint-Yon, 7 l. 6 s. 8 d. p., 44 l. p. . . . .   »   73   4

8. A Guillemin Negrun, fermier de l'imposicion et viᵉ de Lardi, 56 s. 4 d. p., 17 l. 4 s. p. . . . .   »   26   8

9. A Jehan Chevreuse de Bris, Bris, 53 s. 4 d. p., 16 l. p. . . . .   »   26   8

10. A Jehan du Plesséis, Bruières-le-Chastel, 106 s. 8 d. p., 32 l. p. . . . . .   »   40   »

11. A Jehan le Telier, Villers-soubz-Saux, 42 s. 8 d. p., 12 l. 16 s. p. . . . . .   »   21   4

	Liv. par.	s.	D.
12. A Thevenin le Maistre, Saulx, Saussiel et Ballevillier, 17 l. 15 s. 8 d. p., 106 l. 14 s. p.....................	8	9	10
13. A Pierre Ivette de Longjumel, Espineil, 21 l. 10 s. 8 d. p., 129 l. 4 s. p.	10	15	4
14. A Jehan Feré, Eglis, 58 s. 2 d. p., 17 l. 9 s. p.....................	»	26	4
15. A Pierre Bayel, demourant à Paris, plège de l'imposicion et vi^e de Serny et Villiers-soubz-la-Ferté, 6 l. p., 36 l. p.	»	40	»
16. A Jehan Adeluye, Chasteaufort, 64 s. p., 19 l. 4 s. p..............	»	32	»
Summa.....................	95	»	10

§ 11.

La chastellenie de Poissy commençant le XVIIIe *jour d'octobre* CCCLXIX.

	Liv. par.	s.	D.
1. A Jehan Fleurie, Crespières,..... 4 l. p.........................	»	6	»
2. A Richart Olivier, Marueil et Herbeville, et plège et compaignon de l'imposicion et vi^e de Montainville,..... 113 l. 12 s. p.....................	9	4	»
3. Au même, Maule-sur-Mandre, 58 l. 16 d. p., 348 l. p..................	24	»	16
4. A Jehan Maugier, Maisons-sur-Seine, 37 l. 18 s. 8 d. p., 227 l. 12 s. p.	10	2	8
5. A Michaut de Connoye, Quarrières, 12 l. 18 s. 8 d. p., 77 l. 12 s. p.....	6	7	4

	Liv. par.	S.	D.

6. A Jehan le Roy, Fourqueux, 106 s.
4 d. p., 31 l. 18 s. p. . . . .   » 40 »

7. A Lucas le Normant, Saint-Martin-
de-Bonafle, 100 s. 8 d. p., 30 l 4
s. p. . . . .   » 50 4

8. A Colin de Hyencourt, Triel , 37 l.
4 s. p., 223 l. 4 s. p. . . . .   15 6 »

9. A Audry Louvet, Poissy, 19 l.
10 s. p., 117 l. p. 9 14 6

10. A Tevenot Villain, Maurepast,
58 s. 8 d. p., 17 l. 12 s. p. . . . .   » 26 »

11. A Milet le Poissonnier, Chevreuse,
11 l. 17 s. 4 d. p., 71 l. 4 s. p. . . . . . .   » 118 8

12. A Pierre Ivette , Loncjumel,
36 l. p. 216 l. p. . . . .   18 » »

13. A Jehan Hurart, compaignon et
fermier de l'imposicion et vr^e de Champs,
11 l. 8 s. 4 d. p., 68 l. 10 s. p. . . . .   » 60 »

14. A Gautier le Boucher, fermier de
l'imposicion et vr^e de Villiers-Adam, 6 l.
16 d. p., 36 l. 8 s. p. . . . .   » 56 »

15. A Oudin Poé, Bailleul, 26 s.
8 d. p., 8 l. p. . . . .   » 14 4

16. A Perrin de Rivières, Meriel,
105 s. 4 d. p., 31 l. 12 s. p. . . . .   » 40 »

17. A Guillaume Gilebert , Bouves ,
5 l. 18 s. p., 35 l. 8 s. p. . . . .   » 50 »

18. A Symon Coquemaine, Saint-
Souplice de Favières, 18 s. p. . . . .   » 9 »

19. A Robin l'Empereur et Jehan Cha-
bridel, ou nom et comme ayans cause de

	Liv. par.	S.	D.

feu Jacquemin de Guérart, Laigny, 177 l.
6 s. 8 d. p., 1064 l. p.   76   »   »

20. A Oudin Hutin, plège et compai-
gnon fermier du vi^e du vin de La Chapelle-
Messire-Gautier, 21 l. 8 d. p., 127 l.
4 s. p.   7   6   8

21. A Colin le Bègue, fermier du vi^e
de la ville de Saint-Merry, 4 l. 13 s.
3 d. p., 28 l. 5 s. 4 d. p. . . . .   »   38   »

22. A Denys Confry, plège et compa-
gnon fermier de l'imposicion et vi^e de
Fontenay-en-Brie, 40 s. p., 12 l. p. . . . .   »   20   »

23. A Pierre Milot, fermier du vi^e
de Rosay-en-Brie, 8 l. 8 s. p., 50 l.
8 s. p. . . . .   »   60   »

24. A Huguenin Feret, Villaines,
26 s. 8 d. p., 8 l. p. . . . .   »   13   4

25. A Jehan le Huet, Vernouillet, 58 s.
8 d. p., 17 l. 12 s. p. . . . .   »   24   8

26. Autre despense pour deniers qui
sont à rabattre de la somme 195 l. 4 s.
que le bail du vi^e du vin des villes de la
chastellenie de La Ferté-Alès monte, rendu
en recepte ci-devant, pour ce que Pierre
Giroust, receveur en la terre madame la
royne Jehanne, en receut la moitié, pour
le premier demi an, 97 l. 12 s. p., et
led. Jehan le Mire est chargié de l'autre
demi an [1]   97   12   »

---

[1] En marge : « Radiatur quia non reddit nisi quod recepit. » Et en effet
l'article est rayé sur le registre.

27. *Item*. De la somme de 48 l. p.
que monte le bail du xiiiᵉ de la ville de
Braye-conte-Robert, fait pour sept mois,
fenissant derrenier jour de septembre
ccclxx, dont le fermier ne reçut pas tout
led. temps, pour ce que le nouvel bail de
l'année ensuivant commença au premier
jour de septembre, et, pour ce, fu rabatu
aud. fermier les trois pars du mois de septembre, par mandement et ordenance des
esleuz, lequel mois monte, 6 l. 17 s.
1 d. obole, valent les trois pars [1]......   » 102 10

   Summa.......................   207   8 10

   Summa totalis deduccionum supradic-
tarum............................1956   19   »

CHAPITRE IX.

GAIGES ET DESPENSE COMMUNE.

§ 1ᵉʳ.

1. Pour les gaiges dud. Jehan le Mire
déserviz oud. office de receveur, depuis
le xxᵉ jour de may m.ccclxx qu'il y fu
commis, comme dit est, jusques au iiiᵉ
jour de septembre ensuivant, que Nicolas

---

[1] En marge : « Radiatur quia non docet quantum fuit ibi venditum de
« vino, dicto mense septembris. » Et en effet l'article est rayé comme le
précédent.

Liv. par. S. D.

de Mau-Regart fu commis oudit office, ou
lieu dud. Jehan le Mire , pour cent cinq
jours, au feur de 200 l. p. par an, qui font
10 s. 11 d. obole p. par jour [1] 57 10 7

§ 2.

2. Pour ce présent compte ordener et
pour l'escrire deux foiz en parchemin, et
pour parchemin, pour ce faire, et pour
sept grans papiers, pour escrire la re-
cepte.   20   »   »

Summa. 77 10 7

Summa totalis expense hujus com-
poti. 30938   1 9

CHAPITRE X.

§ unique.

Debet receptor [2].   766   » 2

Et debentur ei , pro vadiis suis deser-
vitis in recipiendo arreragia seu saltim
majorem partem arreragiorum que debe-
bantur, de dicto facto, quando fuit amo-

---

[1] En marge : « Capit eciam inferius (lises superius), pro vadiis suis de
« tempore quo vacavit ad levandum arreragia debita, seu saltim majorem
« partem ipsorum, super regem 100 l. p. et, pro simili, super villam ,
« 40 l. p. » Voy. en effet plus haut, p. 134.

[2] En marge : « Auditus die xi^a augusti ccclxxii°. — Tradit vero debita
« que scribuntur inferius que ascendunt ad 398 l. 6 s. 4 d. p. »

tus a principali facto recepte, videlicet die
torcia septembris cccLxx, qua die fuit amo-
tus, et, loco ejus, fuit institutus receptor
Nicolaus de Mau-Regart, ad que arreragia
recipienda vacasse dicitur a dicta tercia
die septembris cccLxx usque ad xxII^{dam}
diem julii cccLxxi post; pro quibus vadiis
dominus Rex, per litteras suas datas
xIIII^{ta} augusti cccLxxii, signatum sic : Par
le Roy, à la relacion des généraulx conseillers sus les aides pour la guerre, Bai-
gneux, Habet retentum, mandavit sibi
allocari et deduci 200 l. p. Super quo,
visis partibus dictorum arreragiorum per
ipsum receptorum, tempore supradicto,
de quibus apparebat, per papirum suam,
in qua scripserat dictas partes, necnou
eciam et visis partibus denariorum per
ipsum solutorum, tam Regi quam ville, a
dicta tercia die septembris cccLxx citra,
ordinatum fuit, per dominos, ad burellum,
die xxiii^a octobris cccLxxii presentibus,
ibi dictis dominis, videlicet episcopo bel-
vacensi. domino Johanne d'Augeran, co-
mite salebrugense, O. Leporarii, Johanne
de Acheriis, H. de Rocha et T. Torna-
toris, quod solum allocabuntur sibi, pro
dictis vadiis, pro porcione contingente dominum Regem, 100 l. p. et pro porcione
contingente villam parisiensem, 40 l. p.,
sic, pro toto, hic......   140   » »

	Liv. par	S. D.
Summa per se...................	140	» »
Restat quod debet[1]..............	626	» 2

Item. Debet, pro fine status sui recepte generalis subsidiorum guerrarum scripti in fine tercii et ultimi compoti sui, de dicto facto, finiti ad xv^am maii ccclxx, 262 l.

11 s. 11 d. t., valentes..............	210	» 18
Summa totalis quam debet[2]........	836	» 21

Cadunt pro denariis in quibus Robertus de Véely, speciarius, Regi tenebatur, racione firme imposicionis et vi^ti vinorum villarum Argueil et de Cachant, pro anno finito in augusto ccclxx precio 70 l. 15 s. p., de quibus remanserat in debitis de 19 l. 5 s. p. quam summam dominus Rex, per ejus litteras datas xiii^a marcii ccclxxi, signatum sic : Par le Roy, P. Blanchet, remisit et quittavit eidem Roberto, causis in dictis litteris contentis, pro eodem, de ordinacione dominorum compotorum, virtute transcripti dictarum litterarum, una cum mandato generalium super facto dictorum subsidiorum, retento in Camera compotorum, et prout arrestatur, in pagina sequenti, de manu Camere, inter partes debitorum, pro eodem..............

	19	5 »

---

[1] En marge : « Super quo tradit debita ascendencia ad 235 l. 16 s. 6 d p , « qui scribuntur inferius. » Voy. ch. xi.

[2] En marge : « Et supposito quod debita supradicta deducerentur ei, de- « beret adhuc, de claro, 600 l. 5 s. 3 d. p. »

Item. Cadunt, pro denariis datis, quittatis et remissis receptori Johanni Medici, per dominum Regem, per ejus litteras datas III^a die junii M.CCCLXXIII, signatum sic : Par le Roy, J. Tabary, et eciam sigillatas, in margine, signeti ipsius domini, expeditas per generales consiliarios super facto guerre, per eorum litteras datas prima die marcii CCCLXXIIII, pro consideracione magnarum fractuum et penarum quas habuit et sustinuit, in equitando, in certis viagiis, per ipsum factis, in pluribus et diversis locis, per ordinacionem et preceptum dictorum generalium, pro facto auxilii, pro quibus penis non habuit aliquod donum nisi solum vadia sua, tam ordinaria quam extraordinaria, sibi ordinata, pro ipsis viagiis, et eciam pro consideracione bonorum et gratorum serviciorum, per ipsum Johannem factorum eidem domino, et qui adhuc facit, de die in diem, et pluribus aliis causis, in dictis litteris regiis contentis, pro eodem, hic, virtute dictarum litterarum, quarum copia est inferius et originalis ponitur in litteris hujus compoti, et eciam de ordinacione dominorum Camere, facta ad burellum x^a die maii CCCLXXVI, prout scribitur de manu ejusdem Camere a tergo ipsarum [1]................   6 » »

_____

[1] En marge : « Tradidit debita ascendencia ad 217 l. 11 s. 2 d. p. que

Item. Cadunt 217 l. 11 s. 2 d. p., pro debitis per eum curie traditis, scriptis hic inferius, descendendo de isto facto, que tradita fuerunt, per ipsum receptorem, virtute mandati generalium consiliariorum hic reddili Johanni de Latigniaco [1], nunc receptori auxilii, in villa et vicecomitatu parisiensibus, pro ipsis levandis et explectandis, prout apparet per litteram recognicionis ipsius Johannis similiter hic redditam, et que ponitur in litteris hujus compoti, unacum dicto mandato; de quibus debitis, domini compotorum ordinaverunt exonerari ipsum receptorem, habita deliberacione, cum generalibus, super hoc, quod idem Johannes de Latigniaco retulit in Camera x[a] maii ccclxxvi, quia invenerat dicta debita cognoscibilia et quia, de recepta et diligencia factis de isdem debitis, per ipsum receptorem, respondebit in proximis compotis suis, pro eodem, hic, ad exoneracionem istius recepte...   217 11 2

    Summa dictarum cadencium.......   836 16 2

    Sic ei : — 14 s. 5 d. p. redduntur ei in fine compoti sui auxilii autissiodorensis, finiti ultima marcii ccclxxiii, ante Pascha, et ibi correctum [2].

« scribuntur inferius, et missa fuerunt Johanni de Latigniaco, ad explectan-
« dum et verificandum, de precepto domiuorum generalium.»
[1] En marge : «Caveatur quod respondeat dictus Johannes de Latigniaco
« de contento ibi.»
[2] En marge : « Sic correctus, de precepto, xi[a] maii ccclxxvi. »

CHAPITRE XI.

DEBTES DEUES AU ROY, NOSTRE SEIGNEUR, A CAUSE DES IM
POSICIONS ET AUTRES AIDES RENDUES CY-DEVANT EN
RECEPTE, POUR L'AN COMMENÇANT XVII D'AOUST CCCLXIX
ET FENISSANT XVII D'AOUST CCCLXX [1].

Liv. par.   S. D.

1. Jehan le Charpentier, fermier de
l'imposicion et vi^{es} des vins de la ville de
Yssi, au pris de 300 l. p., plège et compaignon Jehan de Corbueil et Robert
Pierre d'Issi, dont il a paié, tant à Jehan
Gencian comme à Jehan le Mire, receveur desd. aides, 273 l. 13 s. 8 d. p. pour
le demourant.   86   5 4

2. Goron Pasquier du Bourc-la-Royne,
pour une fole enchière mise, par lui, en
l'imposicion et vi^e de Voirrières. . . . . . .   » 56 »

3. Robert de Véelly, espicier, demourant à Paris, fermier de l'imposicion et
vi^e d'Arcueil et Cachant, plège et compaignon Jehan Baudouin de Saint-Mar-
cel, au pris de 90 l. p., dont il a paié
semblablement 70 l. 15 s. p. demeure. .   19   5 [2] »

[1] En marge : « Ista debita sunt nullius valoris nec fiant per ea alique cor-
« recciones, sed super partes contentas a tergo folii sequentis continencia et
« adscendencia ad 217 l. 11 s. 2 d. p. »

[2] En marge : « Dominus Rex, per litteras suas datas XIII^a die marcii
« CCCLXX, signatum sic : Par le Roy, P. Blanchet, quittavit et remisit eidem,
« R. de Véelly dictam summam de 19 l. 5 s. p. in summa de 28 l. p., et ideo,
« virtute ipsarum litterarum, acquittatur hic, et, de ordinacione dominorum ;
« de quibus litteris retinuimus transcriptum solum, quia ponitur cum litteris
« hujus compoti unacum mandato generalis thesaurarii, super hoc, facto ;
« et sic quittus dominus receptor de dictis 19 l. 5 s. p. »

	Liv. par.	S.	D.

4. Pierre de Villecroix, Villeron,
21 l. p., 11 l. 15 s. p.   9   5   »

5. Guillaume de Gournay, Ermon et
Sernay, plège et compaignon Jehan de
Saint-Just, du Plesséiz-Bouchart, 20 l.
16 s. p., 12 l. 14 s. p.   8   2   »

6. Le même, Saint-Gracien, plège
Jehan de Saint-Just, 16 l. p., 7 l. 8 s.
8 d. p.   8   9   4

7. Le même, pour une folle enchière
mise sur le Plesséis-Bouchart. . . . .   »   48   »

8. Jehan Hasterel, pour la ferme de
l'imposicion du fer et acier de Saint-Denys, plège Guillaume de Chiéry, demourant à Paris, en la rue au Cerf, et Richart
Hasterel de Saint-Denis, 39 l. 12 s. p.,
19 l. p.   20   12   »

9. Colin Viaut, Bevrennes, plège Phi-
lippon Coiffier de Merly, 10 l. p., 9 l.
10 s. 8 d. p. . . . .   »   9   4

10. Jehan Godart, Croissy, plège Ja-
quet Hausse-Cul, 12 l. p., 6 l. 8 s. p. . .   »   112   »

11. Jehan Girard, d'Avrain, 32 s. p.,
21 s. 4 d. p. . . . .   »   10   8

12. Guillot Carroust d'Escharcon, Va-
lencourt, plège Jehan Egret de Corbueil,
19 l. 4 s. p., 17 l. p. . . . .   »   44   »

13. Guillot Calain, les hostes du prieur
d'Espernon, 12 l. p., 7 l. 15 s.
2 d. p.   4   4   10

14. Estienne du Ru, Marueil-lez-Meaulz

plège et compaignon Jehan du Ru de
Marueil, 25 l. p., 10 l. 2 s. 8 d. p.... 14 17 4

15. Pierre Pesant, Buissi Sainct-Yon,
plège Jehan Moiseau, 21 l. p., 18 l. 5 s.
4 d. p........................... » 54

16. Thevenin le Maistre, Louvens,
plège et compaignon Martin Guéroust de
Loncjumel, 9 l. p., 8 l. p............ » 20 »

17. Jehan Grenier, pour une folle enchière par lui mise sur Loncjumel..... 100 » »

18. Thomas le Fevre, demourant à
Nostre-Dame des Champs, Igny, 60 s. p.,
56 s. p........................... » 4 »

19. Philippot de Cambray, Courbertin,
30 s. p.. 19 s. p.................. » 11 »

20. Jehan Nasin dit Boucher, Saint-
Marc, plège Jehan Thibaut........... 4 10 »

21. Jehan Roussel, Villemonble,
40 s. p., 11 s. p.................. » 29 »

22. Regnaut Rigot, Boutigny, plège
Jehan Thibaut de Messe, 27 l. 4 s. p.,
18 l. 8 s. p...................... 8 16 »

23. Le même, Vaires, plège le même,
24 l. p., 12 l. p.................. 12 » »

24. Le même, Duison, plège le
même, 4 l. 16 s. p. 50 s. p......... » 46 »

25. Le même, Bosne, plège le même
4 l. 10 s. p., 4 l. p.............. » 10 »

26. Jehan de Saint-Amand, Messe,
plège Guillaume le Masurier ferron, demourant à Paris, 100 l. p., 50 l. p..... 50 » »

27. Regnaud Mile, Guibeville, plège
Colin de Valenciennes, 104 s. p., 4 l.
4 s. p. . . . .   » 20 »

28. Le même, Cousantes, plège le
même, 12 l. p., 10 l. p. . . . .   » 40 »

29. Bernart Gaillard, cuir à poil tanné
et à tanner de la foire du Lendit, plège
Girard Quesnel et Estienne l'Alement,
320 l. p., 299 l. p.   21   » »

30. Perrin Germain, xiiie de Braie-
conte-Robert, 48 l. p., 42 l. 17 s.
2 d. p. . . . .   » 102 10

Summa dictorum debitorum. 235 16 6

(Viendroit ici la répétition des nos 1, 2, 8, 12, 13
et 21 de ce chapitre xi, répétition qui n'avoit lieu,
comme je l'ai dit p. 181 et 182, que parce que ces
numéros étoient les seuls contenant réellement des
arriérés à payer pour la somme de 217 l. 11 s. 2 d. p.)

COPIE DES LETTRES DU DON DE 600 L. P. FAIT AUD.
JEHAN LE MIRE, DONT DESSUS EST FAICTE MENCION.

Charles, par la grace de Dieu, roy de France, à
noz amez et féaulz gens de noz comptes à Paris,
salut et dilection : Comme nostre amé Jehan le Mire,
jadis receveur général des aides ordennez pour le
fait de nostre guerre, et après nostre receveur desd.
aides ou diocèse de Paris, ait compté desd. fais et se
soit affinez en nostre Chambre, et, par la fin de ses

comptes desd. receptes qui purent monter jusques à
la somme de 530 000 frans ou environ, soit demourez
en reste, par-devers nous, en la somme de 600 l. p.
ou environ, on quoy il nous est tenuz ens, comprins
toutevoies environ 60 l. p. qu'il devoit par la fin
d'un compte particulier, par lui rendu en nostred.
Chambre, de certaines garnisons par lui faictes pièc'a ,
pour nous, pour la provéance d'aucunes de noz bonnes
villes de Picardie, oultre et par-dessus la somme de
300 l. p. ou environ de debtes qui nous soñt deues
pour le fait desd. aides de Paris, dont il dit avoir
baillié les parties en la fin de son compte desd. aides
pour ycelles faire lever pour nous et à nostre proufit,
et il soit ainsi que nous aioñs esté enformez bien et
souffisaument, par la relacion d'aucuns de nostre conseil, que ycelui Jehan a fraié grandement, en exerçans
le fait desd. receptes, et soustenu plusieurs grans
peines et travaux, en chevauchant et alant en plusieurs et divers lieux, pour avoir et faire venir les
finances qui nous estoient deues, pour lesd. fais, et en
faisant porter ycelles finances en plusieurs et divers
lieux, par l'ordenance et commandement de noz généraulz conseilliers sur les aides de la guerre, sanz
que icelluy Jehan ait, pour ce, eu de nous ne don ne
remunéracion aucune, fors seulement ses gaiges, tant
ordinaires comme extraordinaires, à lui ordennez
pour ses voyages ; nous, aians considéracion à tout ce
que dit est et aus bons et agréables services qu'il
nous a fais, en plusieurs et diverses manières, ou fait
desd. receptes, et fait encore, de jour en jour, tant ou
fait de la recepte de noz aides, ou diocèse d'Aucerre ,
dont il est à présent receveur, comme autrement, et

espérons qu'il nous face encore ou temps avenir, à
ycellui Jehan avons donné, remis et quittié entière-
ment, et, par la teneur de ces présentes, donnons, re-
mettons et quittons absoluement et franchement la
somme de 600 l. p. dessusd.; si vous mandons et à
chascun de vous que, tantost et sans délay, par vertu
de ces présentes, vous acquittiez led. Jehan le Mire,
en la fin de ses comptes, des 600 l. p. dessusd., par
tele manière et si seurement que jamais, en aucun
temps, l'en n'en puisse aucune chose demander à lui
ne aus siens, car ainsi le voulons nous estre fait, et
lui avons ottroyé, de grace espécial, et de certaine
science nonobstant quelconques ordenances, mandemens ou deffenses faites ou à faire au contraire.
Donné au boys de Vincennes le tiers jour de juing,
l'an de grace mil cccLx et treze, et de nostre règne le
diziesme, ainsi signé :   J. TABARI.

Au doz desquelles estoit escript ce qui s'ensuict :
Acquittetur dictus Johannes Medici de summa con-
tenta in albo in fine compoti imposicionum parisien-
sium; presentibus in Camera dominis autissiodorensi,
de Sarrebruch, B. de Clauso, T. tornatorensi,
P. de Castro, A. Remondeti et me Crete, decima
maii cccLxxvi; et scribatur in fine dicti compoti.
                                          J. CRETE.

Ausquelles lettres estoit attachée une cédule des
généraulx conseilliers sur le fait de la guerre, contenant ce qui s'ensuict :
Nous les généraulz conseillers, à Paris, sur le fait
des aides de la guerre, nous consentons, en tant

comme il nous touche, et voulons que le contenu es
lettres du Roy, nostre seigneur, ausquelles ces présentes sont attachiées, soubz l'ung de noz signés, soit
entériné et acompli, de point en point, par ceulx à qui
il appartendra, pour les causes et par la manière que
nostred. seigneur le mande par ycelles. Donné à
Paris le premier jour de mars l'an mil ccclxxiiii.
Ainsi signé :   M. DE MEUN.

Item. COPIE DU MANDEMENT DESD. GÉNÉRAULZ CONSEIL-
LIERS DE BAILLER LES DEBTES A JEHAN DE LAIGNY,
POUR LES LEVER ET EXPLECTIER ET AUSSI DE LA
LETTRE DE RECOGNOISSANCE DUD. JEHAN DE LAIGNY
DONT DESSUS EST FAICTE MENCION.

De par les généraulz conseilliers, à Paris, sur le
fait des aides de la guerre, Jehan le Mire nous vous
mandons, de par le Roy, nostre seigneur, et de par
nous que les debtes deues, à cause desd. aides, en la
ville, prévosté, viconté et diocese de Paris, de l'an
commençant M.ccclxix, dont vous feustes receveur,
lesquelles debtes vous avez baillées, en la fin de vostre
compte, à vostre descharge, vous bailliez ycelles
debtes, par escript, soubz vostre séel, à Jehan de Laigny, receveur, à présent, desd. aides pour yceulz recevoir, pour et au proufit du Roy, nostre seigneur,
en prenant dud. receveur lettre de recognoissance
desd. debtes, soubz son séel, et par rapportant ces
présentes avecques lad. recognoissance, vous en
serez deschargié.
Donné à Paris le ve jour de mars l'an mil ccclxxiiii.
Ainsi signé :   H. BOUSOLAS.

Je, Jehan de Laigny, receveur des aides de la
guerre es cité, ville, diocèse et viconté de Paris, con-
fesse avoir eu et receu de Jehan le Mire, n'a gaires
receveur desd. aides, un roulle ou cédule, signé de
son seing manuel et séellé de son séel, faisant mencion de certaines debtes deues en arrérages au Roy,
nostre seigneur, à cause des imposicions de 12 d. p.
pour livre et du vi^e du vin vendu en gros, aians
cours, pour led. fait, ezd. cité, ville, diocese et viconté, lesquels arréraiges led. Jehan le Mire a bail-
liés, en la fin de son compte, pour l'an commençant
M.CCCLXIX, montans à la somme de 217 l. 11 s. 2 d. p.;
les parties plus à plain déclairées oud. roulle ou cédule, et lesquelx arréraiges, par mandement de mes-
seigneurs les généraulz conseilliers sur led. fait,
m'ont esté ordonné cueillir, recevoir et faire venir
ens au proufit dud. seigneur, pour yceulz tourner et
convertir oud. fait de la guerre. En tesmoing de ce,
j'ay mis mon séel à ces lettres, le xve jour de mars,
l'an M.CCCLXXIIII.   J. DE LAIGNY.

L. DESSALLES.